AF200852

Jost Scholl

Richtig bewerben

mit dem
Insider-Bewerbungs-Ratgeber

- Vom Profi für die Praxis -

Mit Tipps, Beispielen & Mustern
auch zu Zeugnissen

Bibliografische Information der Deutschen Nationalbibliothek:
Die Deutsche Nationalbibliothek verzeichnet diese Publikation
in der Deutschen Nationalbibliografie; detaillierte bibliografische
Daten sind im Internet über http://dnb.dnb.de abrufbar.

Copyright © 2020 Jost Scholl
Projektleitung & Redaktion: Hans-Peter Schüssler
Konzeption: Eckhard Fieberg
Umschlaggestaltung & Design: Monika H. Kreuzer
Layout: Peter Meyer-Lorenz
Herstellung und Verlag: BoD – Books on Demand, Norderstedt

ISBN: 978-3-7504-3712-8

Vorwort:

Richtig bewerben mit dem Insider-Bewerbungs-Ratgeber
- Vom Profi für die Praxis -

enthält wertvolle Tipps und Tricks, die in jahrelanger Arbeit mit unterschiedlichsten Arbeitgebern, Arbeitnehmern, Headhuntern, Gerichten, etc. gesammelt wurden.

Er erklärt Ihnen verständlich, schnell und praxisnah was Sie generell und bei einer konkreten Bewerbung beachten müssen, damit Sie sich möglichst optimal präsentieren, zum Bewerbungsgespräch eingeladen werden und die Stelle bekommen.

Sie sollten über Ihre Rechte im Bewerbungsverfahren Bescheid wissen und sie in der Praxis durchsetzen können, um nicht von Ihrem potenziellen, Ihrem ursprünglichen Arbeitgeber oder wem auch immer übervorteilt zu werden.

Konkret geht es hierbei um bestimmte Inhalte Ihrer Bewerbungsunterlagen bzw. Themen, die Sie möglichst nicht gegenüber anderen Bewerbern disqualifizieren, sondern so erscheinen lassen, dass Sie der optimale Bewerber sind und die Stelle erhalten.

Das Buch ist chronologisch aufgebaut, d. h. es beschreibt zuerst wie Sie Ihre Stellensuche inklusive Bewerbungsunterlagen möglichst optimieren, um zu einem Vorstellungsgespräch eingeladen zu werden.

Danach wird das Bewerbungsgespräch mit sämtlichen Tücken erläutert.

Schließlich finden Sie am Ende des Ratgebers Detailinformationen zu Arbeitszeugnissen, d. h. was welche Formulierung in der Praxis wirklich bedeutet und wie man Unstimmigkeiten von Anfang an vermeidet bzw. im Nachhinein glättet.

Die Juristerei dient in erster Linie der Ordnung und Gerechtigkeit. Die vielen Paragraphen sind aber nur die eine Seite der Medaille; außerdem sind Jura und die betriebliche Wirk-

lichkeit meist zweierlei Schuhe. Ganz wichtig ist deshalb die praktische und erfolgreiche Durchsetzung Ihrer Rechte:
Die Frage, wie Sie wann was von sich in der Bewerbung und im Vorstellungsgespräch preisgeben müssen und sollten und was nicht, was Ihren neuen Chef kennzeichnet, welche Alternativen Sie zu unterschiedlichen Zeitpunkten haben und wie Sie entsprechende Aktionen und Reaktionen des potenziell neuen Arbeitgebers möglichst für sich selbst nutzen können. Gleiches gilt selbstverständlich ebenfalls für Ihr Ausscheiden bei Ihrem bisherigen Arbeitgeber.
Entscheidend ist deshalb, dass Sie sich vorbereiten und keine vermeidbaren Fehler begehen sollten.

Mit diesem Ratgeber sind Sie optimal vorbereitet, so dass Sie das bestmöglichste Ergebnis für Ihre Bewerbung erzielen können. Leider wird das in der Praxis ohne Planung und Wissen viel zu oft nicht erreicht!

Dieser Ratgeber wurde mit viel Sorgfalt nach bestem Wissen und Gewissen verfasst und ist auf dem aktuellsten Stand.
Beachten Sie aber, dass das Arbeitsrecht und auch die Schwerpunkte bei Bewerbungen variieren und leider modischen Weiterentwicklungen unterliegen.

Ich wünsche Ihnen viel Freude beim Lesen und vor allem beim Erreichen Ihrer neuen Stelle, die hoffentlich Ihr Traumjob ist!

Ihr

Jost Scholl

Verteidigen Sie Ihr Recht und denken Sie daran, dass diejenigen, die Sie nicht einstellen wollen, Sie unfreundlich behandeln oder Sie um Ihr Recht bringen wollen definitiv irgendwann ähnliche Probleme haben!
Speziell Geschäftsführer, Vorstände, Führungskräfte, Personal- und Abteilungsleiter müssen Unternehmen mittlerweile sehr schnell ohne betriebsbedingte Gründe verlassen und finden auch nicht sofort wieder eine hochwertige Stelle, wenn überhaupt!

**Alles Gute und viel Erfolg
wünscht Ihnen
Ihr**

Jost Scholl

Inhaltsverzeichnis:

1. Selbstanalyse:
- **Was wollen Sie?**
- **Was können Sie?**
- **Wohin können Sie?**
- **Wann können Sie anfangen?**

Die meisten Bewerbungsratgeber werden nicht von Chefs oder Personalleitern – also Leuten aus der Praxis – geschrieben, sondern von fachfremden Psychologen, die häufig selbst keine Stelle bekommen haben und sich nur über einen gewissen Erfahrungshorizont mittels Ausprobieren und ein selbsternanntes Imagemarketing mit englischen Begriffen definieren. Dahinter steckt häufig nichts als heiße Luft – leider!

Die Praxis ist diesen Bewerungsratgebern nicht geläufig, da sie nicht einen einzigen Bewerber eingestellt haben.

Lassen Sie sich deshalb nicht von den gängigen Bewerbungsbüchern oder -tipps irritieren. Die Praxis funktioniert oft ganz anders und ist viel einzelfallabhängiger, als von selbsternannten Bewerbungspäpsten beschrieben.

Als erstes sollten Sie sich klar darüber werden
- **ob Sie als normaler Arbeitnehmer**
  - **unbefristet oder befristet,**
  - **Vollzeit oder Teilzeit**

  oder als freier Mitarbeiter/Projektbearbeiter/für alle, die kein gutes Deutsch sprechen: Freelancer
- **in welchem <u>fachlichen Bereich</u>,**
- **in welchem <u>geographischen Bereich</u> und**
- **<u>wann</u>**

eine (neue) Arbeitsstelle finden wollen oder müssen.

Auch wenn das auf den ersten Blick bürokratisch und unnötig erscheint, unterschätzen Sie o. g. Fragestellung nicht:

Sie müssen erst einmal wissen, was Ihr Ziel ist, um es dann so schnell, einfach und sicher zu erreichen, wie möglich. Die Frage, ob Sie als **Arbeitnehmer oder** als **freier Mitarbeiter** beschäftigt werden ist aufgrund folgender Punkte grundsätzlich einfach zu beantworten:

* Die Einstellung als Arbeitnehmer ist immer noch üblich.

* Als Arbeitnehmer haben Sie nur einen Arbeitsplatz, einen Ansprechpartner bei Problemen, Krankheit, Urlaub, etc. D. h. es ist organisatorisch einfacher und Sie werden eher nicht herumgereicht und -geschubst.

* Sind Sie Arbeitnehmer, haben sie bei Neueinstellungen in Betrieben mit mehr als 10 Arbeitnehmern und länger als sechs Monate bestehendem Arbeitsverhältnis, was der Probezeit entspricht, einen stärkeren Kündigungsschutz, da das Kündigungsschutzgesetz für Sie gilt, §§ 1, 23 KSchG.

* Verfügt Ihr Arbeitgeber in der freien Wirtschaft über einen Betriebs- bzw. im öffentlichen Dienst über einen Personalrat, muss dieser vor Ihrer Kündigung durch Ihren Arbeitgeber angehört werden. Geschieht das nicht oder – in der Praxis oft – fehlerhaft, ist Ihre Kündigung durch den Arbeitgeber sofort unwirksam.

* Sollten Sie amtlich als Schwerbehinderter oder einem Schwerbehinderten Gleichgestellter anerkannt worden sein, als Schwangere, Elternzeitler(in), Pflegezeitler(in) oder aus anderen Gründen nicht komplett im Arbeitsverhältnis eingesetzt werden können, haben Sie einen Sonderkündigungsschutz, so dass Sie für die Zeit Ihres Handicaps in den meisten Fällen sehr intensiv vor einer Kündigung durch den Arbeitgeber geschützt sind.

* Ihr Arbeitgeber zahlt bei Arbeitnehmern mindestens die Hälfte Ihrer Sozialversicherung, d. h. Kranken-, Pflege- und Rentenversicherung. Rechnen Sie den

Unterschied Ihres Brutto- und Nettoeinkommens anhand eines Brutto-/Nettorechners im Internet einmal aus, die Differenz bewegt sich bei gut 20 %.

- Als Arbeitnehmer haben Sie nach vier zusammenhängenden Wochen Anspruch auf Entgeltfortzahlung im Krankheitsfall, d. h. Sie erhalten für sechs Wochen 100 % Ihres Einkommens von Ihrem Arbeitgeber, danach von der Krankenversicherung für 72 Wochen Krankengeld in Höhe von 60 % Ihres Nettoverdienstes pro Monat im letzten Jahr bei fehlenden Unterhaltspflichten für Ehegatten, Lebenspartner bei Gleichgeschlechtlichen und Kindern sowie 67 % Ihres Nettoverdienstes pro Monat im letzten Jahr vor der Krankheit bei bestehenden Unterhaltspflichten für o. g. Personengruppen.
- Sie haben als Arbeitnehmer Anspruch auf Urlaub von mindestens 20 kompletten Tagen mit 100%iger Bezahlung wenn Sie fünf Tage pro Woche arbeiten – bei einer Sechstagewoche 24 Tage Urlaub – gemäß des Bundesurlaubsgesetzes. Ist Ihr Arbeitgeber tarifgebunden oder sieht Ihr Arbeitnehmer-Arbeitsvertrag mehr Urlaubstage vor –, häufig 30 pro Jahr – gilt dies.
- Ferner unterfallen Arbeitnehmer dem Arbeitszeitgesetz, so dass Sie als normaler Arbeitnehmer maximal 40 Stunden pro Woche arbeiten müssen, zwischen Arbeitsende des vorhergehenden Tages und -beginn des nachfolgenden Tages 11 Stunden Ruhepause liegen müssen und nach sechs Stunden eine unbezahlte Pause genommen bzw. gewährt werden muss.
- Schließlich zahlt bei einem Arbeits- oder Wegeunfall die Berufsgenossenschaft des Arbeitgebers.

Als Arbeitnehmer haben Sie deutlich mehr Rechte als ein freier Mitarbeiter:

- Ein freier Mitarbeiter ist nie Arbeitnehmer und hat ggf. mehrere Ansprechpartner in einem Unternehmen. Da er aber für mehrere Auftraggeber bzw. Unternehmen arbeitet, ist es für ihn organisatorisch aufwendiger und störender.
- Der freie Mitarbeiter verfügt über keinen Kündigungsschutz durch das Kündigungsschutzgesetz oder etwaigen Sonderkündigungsschutz. Auch ein Betriebs- bzw. Personalrat ist für ihn nicht zuständig, so dass keine Betriebs- bzw. Personalratsanhörung vor einer Kündigung erfolgen muss.
- Die Kosten der Sozialversicherung trägt der freie Mitarbeiter zu 100 % selbst.
- Er hat keinen Anspruch auf Entgeltzahlung im Fall von Krankheit und erhält kein Krankengeld ohne zusätzliche (Krankengeld-)Versicherung.
- Auch Urlaub kann er rein rechtlich nicht nehmen, da für ihn das Bundesurlaubsgesetz nicht gilt
- Gleiches gilt für das Arbeitszeitgesetz, d. h. der freie Mitarbeiter kann theoretisch arbeiten bis er umfällt.
- Ebenfalls kann nie ein Arbeitsunfall des freien Mitarbeiters entstehen, da dieser gerade kein Arbeitnehmer ist. Im Fall eines Unfalls zahlt deshalb entweder der Schädiger, z. B. bei einem Verkehrsunfall, oder bei einem selbst verursachten Schaden die eigene Unfall-, Kranken-, Pflege-, Berufsunfähigkeitsversicherung, wenn der freie Mitarbeiter diese vor dem Schadensereignis abgeschlossen hat.

Insgesamt ist ein freien Mitarbeiter somit viel weniger geschützt und steht finanziell deutlich mehr unter Druck als ein Arbeitnehmer.

Verträge mit freien Mitarbeitern werden von Unternehmen mittlerweile öfter vereinbart, da Unternehmen aufgrund des deutlich geringeren Schutzes viel flexibler und einfacher handeln können. Entspricht die Arbeit des freien Mitarbeiters nicht den Vorstellungen des Unternehmens, wird der Freie krank, gibt es einen besseren oder versteht man sich nicht mehr, wird das Vertragsverhältnis fast komplett ohne Probleme und ohne Ansprüche oder eine Klagemöglichkeit des freien Mitarbeiters durch das Unternehmen beendet. Außerdem können Unternehmen die Kosten für Freie von der Steuer absetzten, genauso wie bei Arbeitnehmern.

Weshalb sollten Sie sich aber trotzdem ggf. als Freier bewerben, auch wenn vorgenannte, deutliche Nachteile bestehen?

Wenn Sie aus welchen Gründen auch immer keine Stelle als Arbeitnehmern bekommen können, z. B. aufgrund langer Arbeitslosigkeit, fehlender Praxiserfahrung, einer Behinderung, durch Familie o. ä. intensive zeitliche Inanspruchnahme kann es sich manchmal auszahlen sich als Freier zu bewerben, speziell wenn Ihr Auftraggeber o. g. Nachteile durch höhere Bruttozahlungen ausgleicht, also mehr für Ihre Arbeit zahlt als für vergleichbare Arbeiten eines Arbeitnehmers.

Gehen Sie die o. g. Aspekte einmal danach durch, was für Sie **realistisch** ist unter Berücksichtigung

- Ihrer Qualifikation (Ausbildung, Studium, Fort- & Weiterbildungen, etc.)
- Ihres Alters,
- Ihrer familiären Situation (verheiratet, ledig, Kinder, etc.)
- Ihrer gesundheitlichen Situation (behördliche Anerkennung als Schwerbehinderter oder Gleichgestellter, Belastbarkeit hinsichtlich Stress, Überstunden, Schicht-/Nachtarbeit, etc.)
- Ihrer finanziellen Verpflichtungen für Lebenshaltungskosten, Kredite, etc.

Hiernach gehen Sie die o. g. drei Aspekte noch einmal unter Berücksichtigung o. g. Punkte durch, diesmal aber bewußt als **Wunschliste** – sicher ist das Leben kein Wunschkonzert und hier wird nicht das Niveau von Deutschland sucht den Superstar oder von sonstigem Mist ohne Bezug zur Realität präsentiert, dennoch: Erst wenn Sie auf sich hören und sich von den Zwängen des Alltags lösen sind Sie frei für einen richtigen Neuanfang – unterschätzen Sie das nicht!

Also: Ihre Situationsanalyse
- **einmal unter realistischer Betrachtung und**
- **einmal ohne Fesseln** des bürgerlichen Alltags mit allen Vor- und Nachteilen:
  - In welchem fachlichen Bereich wollen bzw. müssen Sie eine (neue) Stelle finden?
    …
  - In welchem geographischen Bereich wollen bzw. müssen Sie eine (neue) Stelle finden?
    …
  - Wann wollen bzw. müssen Sie eine (neue) Stelle finden?
    …

Jetzt haben Sie eine recht genaue Vorstellung, was für Sie in Frage kommt.
Diese Vorstellung vergleichen Sie bitte ab sofort mit jeder Stellenanzeige, die Sie finden oder auch selbst inserieren.

2. Wie finden Sie eine neue Arbeit?
Wie Sie eine neue Stelle finden ist der wichtigste Gesichtspunkt. Hierbei sollten Sie sich vor Augen führen, wie Unternehmen Arbeitsplätze in der Praxis <u>vom Ablauf</u> besetzen:
- Zuerst wird geprüft, ob Externe aufgrund **privater Kontakte zum Chef oder sonstigen Führungspersonen die Stelle** erhalten.
  Nicht jeder kennt aber den Chef und nicht jeder Chef sucht gerade. Außerdem sind die Zeiten vorbei, dass man sich durch tolle Kontakte dauerhaft

an Bord halten kann. Haben Sie deshalb keine – gar keine – Kontakte, ärgern Sie sich nicht, die meisten Menschen haben ebenfalls keine, auch wenn sie lügen oder mit angeblichen Kontakten angeben.

- Danach versuchen Arbeitgeber bereits bei ihm **im Unternehmen arbeitende Mitarbeiter** zu **befördern oder** zu **versetzen.** Das kann unter der Hand, also inoffiziell, erfolgen oder per interner Stellenausschreibung. Bei letzterer kann die Arbeitnehmervertretung im Betrieb (Betriebsrat in der freien Wirtschaft, Personalrat im öffentlichen Dienst) eine interne Stellenausschreibung, d. h. eine konkrete Beschreibung der zu besetzenden Arbeitsstelle mit konkreten Voraussetzungen der Bewerber, wenige Tage – mehrere Monate vor der Besetzung vom Arbeitgeber fordern. Der Arbeitgeber ist dann dazu verpflichtet die Stelle intern auszuschreiben und erst dann extern, d. h. außerhalb des Unternehmens durch Stelleninserat, § 93 BetrVG.

Aufgrund dieser Mitbestimmung durch den Betriebs-/Personalrat und viele Bewerber wird für mehr Objektivität und Gerechtigkeit gesorgt, da dann in erster Linie die objektiv meßbaren Kriterien, wie Ausbildung, Noten, ganz wichtig aber Berufserfahrung und Bewährung im Unternehmen, zählen.

Sie sehen deshalb, dass Noten nur auf den ersten Blick wichtig sind, viel entscheidender ist die Frage, ob Sie in der Praxis klarkommen; klarkommen im fachlichen Bereich, aber auch mit Ausnahmesituationen, Zeitdruck, schwierigen Kunden/Mitarbeitern, etc.

- Dann kommen meist in größeren Unternehmen, d. h. ab ca. 50 Mitarbeitern, **Headhunter** zum Einsatz. Diese suchen Bewerber, schalten selbst Stellenanzeigen in anonymer Form in Zeitungen und

17

dem Internet, nehmen die Bewerbungsunterlagen in Empfang, treffen ggf. eine grobe Vorauswahl und präsentieren die unterschiedlichen Bewerber dem Kunden des Headhunters, d. h. dem Unternehmen.

Der Vorteil für das Unternehmen liegt hierbei darin, dass es nicht mit dem konkreten Namen in der Presse/Öffentlichkeit erscheint. Dies wir meist gewünscht, wenn es um höherwertige Stellen geht (Abteilungsleiter, Chef, etc.) oder weil die Stelle noch besetzt ist und hinter dem Rücken des noch vorhandenen Mitarbeiters nach einem Nachfolger gesucht wird.

- Führt vorgenanntes nicht zur Besetzung der Stelle oder will ein Unternehmen keinen Headhunter einschalten, wird eine **Stellenanzeige** in Zeitungen oder dem Internet geschaltet und nach einem außerhalb des Unternehmens stehenden Arbeitnehmer gesucht.

Suchen Arbeitgeber extern, müssen Sie die Stelle immer auch bei der **Agentur für Arbeit** (früher Arbeitsamt) als frei bzw. zum Eintrittstermin x zu besetzen melden. Ob die Stelle im Ergebnis durch einen Bewerber aufgrund der Anzeige bei der Arbeitsagentur oder durch Internet-/Zeitungsannoncen besetzt wird, ist gleichgültig. Die Praxis hat gezeigt, dass die Arbeitsagenturen zwar mehr Stellenangebote aufweisen als früher und tendenziell auch mehr Stellenbewerber vermitteln. Inwiefern die Bewerber aber dauerhaft für angemessene Arbeitsstellen vermittelt werden und nicht nur kurzfristig aus der Statistik der Arbeitsagentur verschwinden, so dass sich die Politik feiern lassen kann statistisch weniger Arbeitslose zu haben, ist in Zeiten von Zeitarbeit, 450 €-Stellen, früher oder später auf den offiziellen und inoffiziellen Arbeitsmarkt drängenden Flüchtlingen, etc. sehr fraglich. Von daher sollten Sie wenig bis keine Hoffnungen auf die Arbeitsagentur setzen. Die Arbeitsagentur verwaltet sich weitestgehend selbst und bietet während der Arbeitslosigkeit nur für unterdurchschnittliche bis maximal durchschnittliche Arbeitnehmer mäßig sinnvolle Kurse an, wie z. B. Deutschkurse, Lebenslaufschreiben, Gabelstapler-Führerscheine, etc.

In **Zeitungen** werden immer weniger Stellenanzeigen angeboten. Primär finden sich für jede Qualifikation und jedes geographische Gebiet im **Internet** Stellenanzeigen, so dass Sie in jedem Fall im Internet suchen müssen.

Gerade bei Stellenanzeigen in Zeitungen sollten Sie vorsichtig sein. Es ist mittlerweile immer öfter zu bemerken, dass Stellenanzeigen in Zeitungen aus „Werbegründen" durch vermeintliche Arbeitgeber geschaltet werden. Bei solchen Anzeigen geht es nur darum den annoncierenden Arbeitgeber zu bewerben, indem durch eine Stellenanzeige illustriert werden soll, dass ein Unternehmen so gut läuft, dass es neue Leute einstellen muss. Es wird also fälschlicherweise der Eindruck erweckt, der Arbeitgeber sei besonders gut und die Geschäfte laufen sehr gut. Es geht solchen Arbeitgebern ausschließlich um deren Image am Markt und es liegt überhaupt kein Einstellungswille vor. Erhalten Sie bei Ihrer Bewerbung auf eine solche Stellenanzeige keine Eingangsbestätigung innerhalb von zwei Wochen, bei Ihrem Telefonanruf keine Informationen zum Stand Ihrer Bewerbung bzw. des Bewerbungsverfahrens und auch nach mehr als drei Monaten keine Absage, können Sie davon ausgehen, dass gar keine Stelle zu besetzten war, sondern dies nur eine Werbetäuschung war. In diesem Fall sollten Sie sich nicht nur an den „Oberchef", wenn vorhanden Aufsichtsrat, des annoncierenden Unternehmens wenden, sondern auch an eine Verbraucherschutzorganisation oder Gewerkschaft wenden, auch wenn es Ihnen nicht hilft eine neue Stelle zu finden und einen zusätzlichen Telefonanruf bedeutet. Aber wer sich nicht wehrt, ist selbst schuld, so dass weitere Perversionen bei Stellenanzeigen entstehen.

a) Ihre Selbstinitiative – Sie suchen!
aa) Lassen sie sich professionell unterstützen!
Nachdem Sie vorgenanntes wissen, sollten Sie **selbst aktiv suchen**. Wie und wo dies möglich ist gleich mehr, vorher aber noch ein paar Ausführungen, wie Sie sich auch als Durchschnittsarbeitnehmer helfen lassen können bzw. was bei Stellenbesetzungen alles möglich ist.
Sie können sich nämlich bei der Stellensuche auch durch andere **unterstützen lassen**, speziell **durch**
- Headhunter,
- Personaldienstleister und
- Arbeitskollegen, Freunde, Familie, Nachbarn, etc.

Headhunter und Personaldienstleister kennen sich meist besser in der Branche und dem geographischen Gebiet aus als Sie, so dass Sie hierdurch grundsätzlich einen Wissens- und dadurch Zeitvorsprung vor anderen Bewerbern haben.
Auf der anderen Seite kostet deren Leistung Geld, da Sie diese beauftragen und deshalb normalerweise die Kosten zahlen müssen. Teilweise verlangen Headhunter und Personaldienstleister aber von dem Arbeitgeber Bezahlung, das muss sich aber konkret aus dem Vertrag des Headhunters bzw. Personaldienstleisters schriftlich ergeben, deshalb: Lesen Sie den Vertrag in Ruhe durch und unterschreiben Sie nicht kurzfristig! Eine Vergütung kann der Headhunter bzw. Personaldienstleister nur verlangen, wenn er Sie erfolgreich vermittelt hat, d. h. Sie eine Stelle durch ihn gefunden haben – nur für die Suche ohne erfolgreiche Vermittlung müssen Sie normalerweise nicht zahlen, aber auch hier heißt

es: Lesen Sie den Vertrag in Ruhe durch und unterschreiben Sie nicht kurzfristig!

Inwiefern Kosten und Nutzen für Sie angemessen sind, müssen Sie beurteilen. Sie sollten wissen, dass jede Branche andere Gegebenheiten hat und sich auch Arbeitgeber in Großstädten von Arbeitgebern in der Provinz unterscheiden. Auch existieren unterschiedliche Headhunter und Personaldienstleister für unterschiedliche Ausbildungsstufen, d. h. für Ungelernte, Facharbeiter, Akademiker, Führungskräfte, etc. Hierbei können Sie davon ausgehen, dass Headhunter tendenziell für qualifiziertere und besser bezahlte Stellen zuständig sind, z. B. Fachkräfte, Leitungsfunktionen, Geschäftsführer, etc. ab mindestens 30.000€ brutto pro Jahr. Dagegen sind Personaldienstleister in erster Linie für tendenziell weniger qualifizierte und eine geringere Vergütung erhaltende Arbeitnehmer und Arbeiter zuständig.

Fragen kostet nichts, gucken Sie sich die Internetseite von Headhuntern und Personaldienstleistern an und rufen Sie einfach an, Sie werden sich manchmal wundern, dass man auf Sie wartet oder wie arrogant manche sind.

Suchen Sie sich dagegen selbst eine Stelle, ist das der Normalfall. Die Einschaltung von Headhuntern bzw. Personaldienstleistern kommt in erster Linie dann für Sie in Betracht, wenn Sie in einer Branche und/oder einem geographischen Gebiet arbeiten wollen bzw. müssen, in dem Sie sich entweder noch nicht richtig auskennen und/oder wenn Sie über seltenere Fähigkeiten und Kenntnisse verfügen, die am Arbeitsmarkt aktuell besonders gefragt sind.

In diesen Fällen könnten Sie auf Detailkenntnisse von solchen Externen zurückgreifen und so die Nase vor anderen Bewerbern haben. Berücksichtigen Sie aber, dass nicht jeder Headhunter bzw. Personaldienstleister fähig und an Ihnen interessiert ist. Selbst wenn das sogar der Fall sein sollte wird in der Praxis bei größeren Unternehmen ab ca. 100 Mitarbeitern immer eine Ausschreibung erfolgen, so dass nicht nur interne, sondern auch andere externe Bewerber von der zu besetzenden Stelle erfahren und Ihr o. g. ursprünglicher Vorteil verloren ist. In diesem Fall können Sie nur gegenüber anderen Bewerbern durch gute Bewerbungs-unterlagen, gute Kenntnisse und eine gute Präsentation im Vorstellungsgespräch überzeugen.

Über **Kollegen, Freunde, Familien, Nachbarn**, etc. können Sie ggf. auch eine neue Stelle finden. Aber nicht jeder hat nette, ehrliche und kompetente Leute an der Hand, die Sie bei der Stellensuche unterstützen. Wenn Sie bei Kollegen, Freunden, in der Familie und bei Nachbarn, etc. anfragen, ob diese eine neue Stelle für Sie wissen, bedeutet das, dass Sie diesen mitteilen, dass Sie eine neue Stelle suchen bzw. Ihnen gekündigt wurde oder Sie bereits arbeitslos sind. Ob Sie dies vorgenannten Personengruppen sagen möchten, müssen Sie beurteilen; sicher ist es möglich, dass Sie durch o. g. Leute eine neue Stelle finden, es muss aber schon ein größerer Zufall sein. Außerdem kann es sich, nachdem Sie die neue Stelle durch einen Tipp erhalten haben, herum-sprechen, dass der neue Arbeitgeber nicht mit Ihnen zufrie-den ist und Sie diese neue Stelle wieder verlieren, was zu Klatsch und Tratsch führen kann.
Im Ergebnis haben Sie möglicherweise in kleineren, ländli-chen Regionen gewisse Chancen durch Tipps von Freun-den, etc. eine neue Stelle zu finden. Oft sind Sie aber auf einen großen Zufall angewiesen, der selten eintritt.

bb) Wie und wo suchen Sie?
Sie können in den klassischen Medien nach einer neuen Stelle suchen, d. h. in **Zeitungen**.
Empfehlenswert ist aber auf jeden Fall immer der Blick in Stellenanzeigen im **Internet**. Selbst wenn Sie ggf. älter sind oder nicht gut deutsch lesen und schreiben können, müssen Sie sich unbedingt über das Internet über neue Stellenange-bote informieren, da über Zeitungen kaum noch Besetzun-gen durchgeführt werden.
Folgende Internetsuchbörsen bieten sich an:
- www.consultants.de

- www.experteer.de
- www.job.de
- www.monster.de
- www.stepstone.de

Soweit notwendig, wenn auch nicht für dauerhafte Arbeits-plätze empfehlenswert, sind **Zeit-/Leiharbeitsunterneh-men**, z. B.:

- www.adecco.de
- www.manpower.de
- www.randstad.de

sowie viele in Ihrem Wohnsitzgebiet tätige kleine Zeitar-beitsunternehmen, die Sie gut im Internet über eine Such-maschine und dann Zeitarbeitsunternehmen und Ihren Ort oder in den gelben Seiten finden können.

Daneben besteht die Möglichkeit, dass Sie Ihr **eigenes Pro-fil**, d. h. wer Sie sind, wo Sie eine Stelle einer bestimmten Branche suchen, etc., z. T. **mit Ihrem Lebenslauf und Zeugnissen**, auch auf folgenden Internetseiten **hochladen**, so dass suchende Arbeitgeber auf Sie aufmerksam werden: Hier sind aktuell folgende gängig:

- www.linkedin.de
- www.xing.de

Beachten Sie, dass das Internet sehr schnell neuen Moden unterliegt, d. h. vorgenannte Internetseiten sind derzeit aktu-ell, können aber in wenigen Monaten nicht mehr angesagt sein. Sie sollten deshalb regelmäßig mehrere Suchbörsen aufsuchen und über Suchmaschinen ebenfalls regelmäßig nach alternativen Suchbörsen suchen, um immer auf dem aktuellsten Stand zu sein.

b) Fremdinitiative des Arbeitgebers – Ihr potenziell neuer Arbeitgeber sucht Sie:

Meist geben Unternehmen Stellenanzeigen auf, um Arbeitsplätze zu besetzen. Eher selten suchen Unternehmen darüber hinaus selbst nach neuen Mitarbeitern, indem sie externe Hilfe in Anspruch nehmen. So wie Sie als suchender Arbeitnehmer teilweise auf einen Headhunter oder Personaldienstleister zurückgreifen können, gibt es diese Möglichkeit für Arbeitgeber auch. Bei Arbeitgebern ist dies in der Praxis verbreitet, wenn es um die Besetzung von höherwertigen Stellen mit größerem Verdienst, Spezialwissen, kurzfristigem Beginn u. ä. geht, d. h. wenn ein Arbeitgeber besonderes gesuchte Arbeitnehmer nicht so schnell finden kann. Mittlerweile kommt es durch Arbeitgeber aber immer öfter auch zum Headhuntereinsatz bei etwas überdurchschnittlichen Stellen. Der Vorteil für Arbeitgeber liegt beim Headhuntereinsatz darin, dass dieser Zeit und Energie spart, da der Headhunter eine gewisse Vorauswahl getroffen hat. Darüber hinaus muss der Arbeitgeber nicht mit seinem identifizierbaren Namen suchen, so dass speziell die Konkurrenz oder wer auch immer nicht erfährt, dass aktuell bei einem speziellen Unternehmen schon wieder, immer noch oder sonst wie vermeintlich auffällig dieselbe Stelle angeboten wird. Teilweise werden Headhunter auch gezielt von Arbeitgebern gewählt, um Bewerber nach sehr konkreten, gemäß der Rechtsprechung unzulässigen, Kriterien auszuwählen, z. B. keine älteren Bewerber als 40 Jahre, da ansonsten eine geringere Motivation und Belastbarkeit vorliege, keine Frauen, weil diese schwanger werden und danach Elternzeit nehmen könnten und deshalb öfter ausfallen, keine Ausländer, da diese eine nachlässigere Arbeitseinstellung als Deutsche haben, etc. Derartiges wird keinem Bewerber und keinem Gericht auffallen, da derartige Bewerber von Anfang an aussortiert werden. In einem normalen Bewerbungsprozess werden solche Vorgehensweisen zwar auch praktiziert, Sie kennen aber das Unternehmen und können deshalb mit den entscheidenden Personalverantwortlichen bis zu einem gewissen Grad Kontakt aufnehmen und haben einen Klagegegner. Bei zwischengeschalteten Headhuntern kennen Sie das nach unzulässigen Kriterien suchende Unternehmen nicht, so dass Sie gar nicht wissen wen Sie potenziell verklagen müssen.

Vom Prozedere ist der Headhunter einfach zwischen Sie als Bewerber und den Arbeitgeber geschaltet. Sie bewerben sich auf die Stellenanzeige des Headhunters, der die Stelle zwar konkreter bewirbt, aber keine konkreten Aussagen zum Arbeitgeber trifft. Es wird meist nur von erfolgreichen Arbeitgebern der ...-Branche im geographischen Gebiet ... gesprochen. Bewerben Sie sich hierauf mit Ihren üblichen, detaillierten Unterlagen, erhält der Headhunter diese und trifft eine grobe Vorauswahl anhand der Kriterien, die der Headhunter mit dem Arbeitgeber vor Aufgabe der Stellenanzeige erarbeitet hat. Entweder Ihre Bewerbung wird sofort aussortiert oder sie wird dem suchenden Unternehmen vorgelegt. Dann trifft das Unternehmen eine interne Auswahl und es kommt zu Vorstellungsgesprächen, bei denen dann ein Bewerber übrig bleibt, der eingestellt wird.

Zwar erfahren Sie nicht, weshalb Sie nicht eingestellt werden bzw. nichtmals in die Vorauswahl gekommen sind und auch bei Stellenanzeigen durch Headhunter gibt es schwarze Schafe. Da der Einsatz von Headhuntern für Arbeitgeber im Vergleich zu o. g. „Werbeanzeigen" deutlich teurer ist – Headhunter erhalten ca. 3 Monate – ein Bruttojahresgehalt der ausgeschriebenen Stelle – stellt sich die Problematik vorgenannter „Werbeanzeigen", bei denen gar keine Einstellung vorgenommen werden soll und das Unternehmen nur das angeblich florierende Unternehmen bewirbt, sehr selten. Deshalb, bewerben Sie sich einfach, es kann nicht schaden und ggf. erhalten Sie die Stelle.

3. Detailsuche – Worauf achten Sie bei Ihre Arbeitgeber-Suche besonders?

Sie suchen aufgrund Ihrer unter 1. beschriebenen Situationsanalyse den richtigen Arbeitsplatz für Sie persönlich.

<u>Wie und wo</u> Sie suchen, ist unter 2. aufgezeigt.

Wenn Sie suchen, werden Sie etliche Stellenanzeigen finden, deshalb sollten Sie versuchen aus den Anzeigen zu lesen, was für ein Arbeitgeber und was für eine Stelle dahintersteckt, da dies – unabhängig von der konkret ausgeschriebenen Stelle – auch für Ihre weitere Entwicklung bei diesem Arbeitgeber entscheidend sein kann. So können Sie z. B. aus der Stellenanzeige und ggf. einer weiteren Suche auf der Internetseite des Unternehmens, bei Suchmaschinen unter Neuigkeiten/Nachrichten/News ersehen, dass dieser Arbeitgeber

- **kurz vor der Insolvenz** steht, mehrfach stand und es deshalb nicht sicher ist, ob Sie dort lange arbeiten können oder

- gerade ein bahnbrechendes **neues Produkt** entwickelt hat und Sie bessere Chancen haben dort eine Stelle zu finden, da man demnächst viel neues Personal benötigt und deshalb nicht so streng bei Einstellungen ist.

Über www.unternehmensregister.de können Sie bei GmbHs und wenigen anderen Unternehmensformen die offiziellen **Bilanzen einsehen** und deshalb grob nachvollziehen, wie finanziell solide das Unternehmen aufgestellt ist. Die aktuellsten Bilanzen dort sind jedoch aufgrund der aufwendigen Buchführung des Handelsgesetzes ca. 1 ½ Jahre alt und seitdem kann sich bei einem Unternehmen finanziell-organisatorisch viel verändert haben. Informieren Sie sich über den Arbeitgeber, der die Stellenanzeige aufgibt und Sie werden ein Gespür dafür entwickeln, ob das Unternehmen solide ist oder nicht, so dass Sie allein aus wirtschaftlichen Gründen im Unternehmen zumindest mittelfristig bleiben können.

Des weiteren können Sie aus der Stellenanzeige bzw. dem Unternehmensauftritt im Internet sowie den Medien bis zu einem gewissen Grad ersehen, wie professionell und ergebnisorientiert das Unternehmen arbeitet. Ereigneten sich in den letzten drei Quartalen mehrere **Rechtsstreitigkeiten**, über die in der **Lokalpresse** berichtet wurde, ist das Unternehmen für ein angeblich **soziales Engagement, Mitarbeiterzufriedenheit, flexible Arbeitszeiten, Sabbatauszeiten, überdurchschnittliche Vergütung** oder **mehr Urlaubstage** bekannt, können Sie sofort ersehen, dass dort mit Arbeitnehmern anders umgegangen wird, als in Unternehmen, bei denen nur auf 450€-Basis Teilzeitkräfte – gerne auch Schüler, studentische Aushilfen, etc. – gesucht werden, die ultimativ flexibel sein müssen und regelmäßig in der Probezeit oder dem ersten Krankheitstag entlassen werden, was in der Praxis leider öfter vorkommt.

Unterschätzen Sie die Recherchemöglichkeiten im Internet nicht, auch wenn dort auch viel Mist steht.

Also bzgl. des annoncierenden Unternehmens:

- **Welche Größe** hat die Stellenanzeige im Vergleich zu anderen Stellenanzeigen?
  Je größer, desto mehr will das Unternehmen wirken. Ob hierdurch auf mehr finanzielle Potenz des inserierenden Unternehmens geschlossen kann, ist zweifelhaft.
  Beachten Sie, dass sich Anzeigen im Internet meist von der Größe ähneln oder komplett identisch sind, so dass Sie hiervon nichts ableiten können.

- Ist die Anzeige vom **Aufbau**, der **Erscheinung**, etc. eleganter, hochwertiger, intelligenter, strukturierter, auffälliger oder genau das Gegenteil?
  Je hochwertiger und ausgefallener, desto tendenziell wählerischer ist das Unternehmen in Bezug auf Ihre fachliche Eignung, aber speziell ob Sie als Bewerber zu dem Anspruch und der Erscheinung des Unternehmens passen.

- Steckt ein **besonderer (Grund-)Gedanke** hinter der Anzeige oder dem Unternehmen, z. B. „Wir produzieren die besten Autoreifen" oder „Unser Unternehmen arbeitet nachhaltig und verkauft nur biologische Lebensmittel"?

Auch hier geht es um gemeinsame Werte, d. h. ob das Unternehmen meint, Sie als Bewerber würden zum Unternehmen passen und die Idee, den Geist, das Auftreten, die Erscheinung, etc. des Unternehmens ausreichend selbst in sich haben, um verdienterweise in diesem Unternehmen arbeiten zu dürfen.

Klar stellen Unternehmen auch Arbeitnehmer ein, die nicht komplett die Unternehmenskultur leben oder beim Bewerbungsverfahren gut gelogen haben. Sie haben aber viel bessere Chancen eingestellt zu werden, wenn Sie – neben Ihren fachlichen Qualifikationen, die immer nachweisbar im überdurchschnittlichen Bereich vorliegen sollten – den Personalverantwortlichen des Unternehmens vermitteln, dass Sie sich

- mit dem Unternehmen,
- dessen Auftreten,
- Produkten,
- Werten,
- besonderen Zertifikationen, Auszeichnungen, etc.

befasst haben und gerade deshalb bei diesem und nicht jedem beliebigen Unternehmen arbeiten wollen, da Ihnen diese Dinge auch wichtig sind. Das Unternehmen und Sie passen eben nicht nur fachlich, sondern auch von der Chemie zueinander. Sicher gibt es idiotische Personalmitarbeiter, die keine Ahnung haben und denen die Unternehmensphilosophie ihres Unternehmens selbst gleichgültig ist, auch wenn sie vorbildlich ist – geschulte und halbwegs vernünftige Personalverantwortliche werden Ihnen aber aufmerksamer zuhören, als wenn Sie nur auf Ihre fachlichen Stärken abstellen und nichts weiter zu Gemeinsamkeiten überschaubar, nicht abgeschrieben, auswendiggelernt, bewußt

28

gelogen oder schleimig und deshalb glaubwür-
dig-natürlich herausstellen.

Bzgl. der aktuell beworbenen Stelle:
- Wird eine **Vollzeit- oder Teilzeitkraft** gesucht?
- **Dauerhaft oder befristet?**
- Steht etwas von **Entwicklungspotenzial**, d. h. ob Sie sich bei guter Leistung hocharbeiten können?
- Wird von einer übertariflichen oder überdurch- schnittlichen **Bezahlung** gesprochen?
- Wird etwas zu **Sondervergütungen**, bestimmten **Vorteilen für Frauen, Eltern mit Kindern, Schwerbehinderten** geäußert?

4. Wie bekommen Sie die Stelle und kein anderer?

Unter 2. ist beschrieben, wie Stellen in der Praxis <u>vom Ab- lauf</u> besetzt werden.

Jetzt sollten Sie berücksichtigen, wie Arbeitgeber, Personal- verantwortliche und Headhunter bei der Stellenbesetzung <u>inhaltlich</u> vorgehen, d. h. was wirklich den Ausschlag gibt, dass Sie und keiner Ihrer Mitbewerber die Stelle erhalten:

Die meisten Arbeitgeber, Personalleiter und vor allem Head- hunter verfügen nicht über sonderliche Fachkenntnisse, auch nicht über diejenigen, die von Ihnen als Bewerber er- wartet werden. Von daher können diese Personen, die für die Vorauswahl und Ihre Einstellung zuständig sind, gar nicht abschließend beurteilen, wie gut oder schlecht Sie fachlich sind. Sicher reichen Sie Unterlagen über Ihre Aus- bildung bzw. Studium, ggf. Fort- & Weiterbildungen als Be- werbungsunterlagen ein, die oft auch Noten beinhalten. Ihre fachlichen Kenntnisse in der Praxis samt Erfahrungsschatz kann man allerdings nicht messen anhand von Dokumen- ten. Gleiches gilt für Ihr Auftreten, Ihren Umgang mit Kun- den, Lieferanten, Kollegen, Vorgesetzten und Untergebe- nen, Ihren Stil, etc. All dies ist nicht meßbar durch Bewerbungsunterlagen und in diesem Bereich können Sie gegenüber den meisten Bewerbern punkten, da viele Menschen kein angemessenes Auftreten, keinen angemessenen Umgang mit anderen Menschen und keinen Stil haben.

Unterschätzen Sie diesen Punkt nicht! Klar bringt es Ihnen nichts, wenn Sie sich als Pommesverkäuferin in einem Kiosk bewerben und sehr teure Garderobe tragen, stilvoll geschminkt sind und mehrere Sprachen sprechen, als auch kundenorientiert sind – ähnliches ist auf die meisten Durchschnittsberufe im gewerblichen und kaufmännischen Bereich übertragbar. Es gibt auch viele Unternehmen, die selbst keine Auftreten, Umgang oder Stil haben, dies gar nicht beurteilen können, keinen Wert hierauf legen oder dies gerade nicht pflegen wollen.

Aber: Sie sollten sich primär **im Bewerbungsverfahren** mit Auftreten, Umgang und Stil von anderen Bewerbern **abheben und die Sie auswählenden und einstellenden Personen überzeugen.** Darüber hinaus haben Sie im Rahmen von schriftlichen Bewerbungsunterlagen weniger, dagegen im Bewerbungsgespräch eher die Möglichkeit Ihr Auftreten, Umgang und Stil zu präsentieren. Ferner geht es leider nur eingeschränkt um <u>Ihr</u> Auftreten, Ihren Umgang und Ihren Stil, sondern gerade um den <u>desjenigen, der für Ihre Einstellung zuständig ist</u>!

Versuchen Sie deshalb bei den Bewerbungsunterlagen den **Ton des Hauses** zu **treffen.** Das ist sicher schwierig, aber unterscheiden Sie sich von den 1000000000000 anderen Bewerbungen, die alle weitestgehend gleich sind. Auch wenn Deutschland ein Land des Durchschnitts ist und man mit Auffälligkeiten in Deutschland – sei es im positiven oder negativen – grundsätzlich Nachteile hat: **Fallen Sie mit Ihrer Bewerbung bei für den Arbeitgeber wichtigen Punkten inhaltlich und in der Aufmachung auf!** Bewerben Sie sich z. B. in einem gewerblichen Beruf als Schreiner, formulieren Sie Ihre schriftliche Bewerbung sachlich-direkt mit Blick auf das Wesentliche, also Schreinerfähigkeiten und -fertigkeiten sowie ggf. entsprechenden Fortbildungen in dem Bereich – gerade nicht ausschweifig und mit vielen Nebensätzen, Hinweise, die mit Ihrer Qualifikation und der Tätigkeit nichts zu tun haben. Für eine Bewerbung als Führungskraft im kaufmännischen Bereich konzentrieren Sie sich natürlich auch auf das Wesentliche Ihrer Qualifikation und Fähigkeiten für diese Stelle, Sie formulieren aber eleganter und nicht so knackig-direkt, wie im gewerblichen Bereich.

Bei den Bewerbungsunterlagen positiv aufzufallen ist schwieriger als im Bewerbungsgespräch, aber klar sollte Ihnen sein, dass Sie auffallen müssen, um sich von den vielen Bewerbern abzuheben, damit man auf Sie überhaupt aufmerksam wird und Interesse an Ihrer Person aufkommt. Dies erzielen Sie, indem Sie eine ähnliche Wellenlänge haben wie der Sie Einstellende, z. B. durch

- ähnliche Formulierungen (knapp oder ausführlich, Hochdeutsch oder Dialekt, blumig oder sachlich-präzise, etc.),
- ähnlichen Geschmack (von der Lebenseinstellung/-planung, privaten Dingen),
- ähnliche Gestik, Mimik, etc.

Wenn Sie **ähnlich ticken** wie Ihr Gegenüber **und** dabei **glaubwürdig ehrlich** und nicht gespielt, anbiederisch, auswendiggelernt **wirken**, entwickelt sich eine gewisse Wellenlänge/Sympathie zwischen Ihnen und dem Einstellenden. Kommt eine gewisse Wellenlänge/Sympathie zwischen Ihnen auf, ist das Gespräch speziell für Sie einfacherer, weil lockerer und unverkrampfter. Außerdem wird Ihr Gegenüber weniger bösartig-gezielt nach fachlichen oder persönlichen Defiziten bei Ihnen suchen, sondern eher nach Gemeinsamkeiten, Sie haben also mehr Rücken- als Gegenwind und das ist Ihr Trumpf für Ihre Einstellung in dem Unternehmen!

Wie oben beschrieben können und wollen viele Personalverantwortlichen gar nicht beurteilen, ob Sie pur fachlich der Richtige sind – vielmehr erwartet man von den meisten Mitarbeitern, dass sie mindestens durchschnittliche Leistungen erbringen, sich ganz ordentlich integrieren, nicht negativ auffallen und keinen Schaden anrichten. Ausnahmen hiervon gibt es sicherlich immer, das sind aber Idiotenpersonalverantwortliche eines Idiotenunternehmens bei dem Sie ohnehin nicht glücklich würden.

Versuchen Sie sich als Kontrollgedanke in die Situation Ihres Gegenübers zu versetzen. Denken Sie aber nicht nur an das Bewerbungsgespräch zwischen Ihnen und dem Personalverantwortlichen, sondern fangen Sie ganz vorne an: Ein Personaler bekommt 10000000000 schriftliche Bewerbungsunterlagen, muss dies filtern und dann etliche Bewerbungsgespräche führen mit immer denselben Abläufen, Fragen, etc. Kurzum, es langweilt jeden Personalverantwortlichen und ist ätzend.

Deshalb, machen Sie ihm die Arbeit leichter: Kommen Sie auf einer ähnlichen Wellenlänge sympathisch gut rüber und treffen Sie vom Auftreten, Umgang und Stil das einstellende Unternehmen bzw. den Einstellenden. Gerade das kann (fast) jeder Personalleiter, Chef, etc. beurteilen, da diese Leute über die Jahre viel mit Kunden, Lieferanten, Arbeitnehmern, Konkurrenten, Behörden, etc. zu tun haben und sich deshalb eine gewisse Menschenkenntnis und ein Gespür für Situationen aneignen konnten. Aufgrund dessen gestaltet sich ein Bewerbungsprozess meist so, dass die **fachlichen Kenntnisse und Fähigkeiten** der Bewerber **immer** als **Ausgangspunkt** vorausgesetzt werden; aber derjenige **Bewerber wird eingestellt, der sich am besten verkauft**. Verkaufen meint hier einerseits zart die fachlichen Branchenkenntnisse und -erfahrungen illustrieren – aber nicht zu intensiv, außer Sie werden nach konkreten Dingen gefragt – zusätzlich aber glaubwürdig-sympathisch so ähnlich rüberkommen, wie Ihr Gesprächspartner tickt. Mehr können Sie nicht machen und das wird oft genügen, auch wenn es die berühmten schwarzen Schafe gibt, aber dann ist es ein Idiotenpersonalleiter eines Idiotenunternehmens!

Punkten Sie deshalb mit Ihren harten Faktoren:

- Qualifikation & Fähigkeiten,
- besondere Berufserfahrung,
- besondere Fort- & Weiterbildungen

- Spezialisierungen in den Bereichen x und y sowie
- besondere Gestaltungen Ihrer Branche bzw. Ihres Berufsstandes, wie
  - Führungserfahrung,
  - EDV-Kenntnisse,
  - Sprachkenntnisse,
  - Auslandserfahrung,
  - spezielle Führerscheine, etc.,

krönen Sie dies mit o. g. Ähnlichkeiten Ihres Gegenübers zum Aufbau einer gemeinsamen Wellenlänge und Sympathie durch
- ähnliche Formulierungen (knapp oder ausführlich, Hochdeutsch oder Dialekt, blumig oder sachlich-präzise, etc.),
- ähnlichen Geschmack (von der Lebenseinstellung/-planung, privaten Dingen),
- ähnliche Gestik, Mimik, etc.

und versuchen Sie das mit Schlüsselbegriffen der Branche bzw. gewissen Modewörtern, wie
- Kundenorientierung,
- Team-/Projektarbeit,
- Nachhaltigkeit, etc.

schön **süffig zu machen**.

Seien Sie **selbstbewußt, aber nicht anmaßend**, so dass der Personalverantwortliche denkt Sie integrieren sich gut im Betrieb unter den Leuten.
Vermeiden Sie dann noch **Selbstverständlichkeiten**, wie
- stete Lernfähigkeit,
- Pünktlichkeit,
- Sorgfalt, etc.,

sind Sie ganz vorne!

Und überschätzen Sie Unternehmen und deren Personaler bzw. Chefs nicht. Diese sind längst nicht perfekt, schon gar nicht, wie sie es gerne selbst darstellen. Vieles verläuft nicht rational, logisch, etc. Deshalb sollten Sie mit gesundem Selbstbewußtsein an jede Bewerbung und jedes Bewerbungsgespräch herangehen. Sie können nur gewinnen und die Stelle erhalten – wird ein anderer Bewerber genommen, ist das sicher Mist, aber sofort weiterbewerben, jetzt erst recht, das Unternehmen hat Sie eben nicht verdient und ist ein Idiotenunternehmen!

Aus gegebenem Anlass:
Verkaufen Sie sich nicht unter Wert, da auch Ihr Gegenüber sich nicht unter Wert verkaufen wird!
Es ist alles ein Geschäft, auch im Bewerbungsverfahren: Sie verkaufen sich und wollen die Stelle haben – der Personaler verkauft die Stelle und will Sie. Jeder verkauft, es ist nur so, dass es mittlerweile ein deutliches Überangebot von Arbeitnehmern gibt und viel zu wenig Stellen, die akzeptabel sind.
Lassen Sie sich deshalb nicht von den folgenden – auch durch die Politik bewußt falsch geschürten – Punkten verunsichern:

- **Einstieg über Zeitarbeit:**
  Durch Zeitarbeit werden Sie in den wenigsten Fällen eine langfristige Stelle bei dem Entleihunternehmen, bei dem Sie tatsächlich eingesetzt werden, erhalten. Ziel der Zeitarbeit ist ausschließlich, dass Sie als Arbeitnehmer des Verleihers an immer wieder unterschiedliche Unternehmen, bei denen Sie dann arbeiten, verliehen werden. Der Verleiher, Ihr Arbeitgeber in der Zeitarbeit, ist in keinster Weise daran interessiert, dass Sie von seinem Kunden abgeworben und dauerhaft dort übernommen werden, weil er dann für Sie Ersatz suchen muss, was für Ihn unnötige Zeit, Mühe und Geld kostet. Deshalb werden in der Praxis gerade derartige Übernahmen verboten oder nur zu höheren Ablösesum-

men ermöglicht, auch wenn das gegen Vorschriften des Arbeitnehmerüberlassungsgesetzes verstößt, aber wo kein Kläger, da kein Richter, jedenfalls wenn man keinen Ruf zu verlieren hat.
Im Übrigen: Zeitarbeit existiert seit den 1970er Jahren, was kaum jemand weiß. Damals war aber nur ein maximal dreimonatiger Einsatz bei einem Entleihunternehmen, bei dem der Zeitarbeitnehmer tatsächlich arbeitet, zulässig – heutzutage ist ein maximal 18monatiger Einsatz zulässig. Erst danach muss eine offizielle Übernahme erfolgen. Völlig paradox, da Sinn und Zweck der Zeitarbeit wie gesagt der immer wechselnde Einsatz bei immer anderen Arbeitgebern ist und extrem viele Möglichkeiten bestehen innerhalb von 18 Monaten – also 1 ½ Jahren (!) – eine Übernahme unmöglich zu machen, z. B. durch Verleihung nach 17, 16, 15 Monaten, etc. Politisch ist die Zeitarbeit höchst gewünscht und wird gefördert, um Arbeitgebern maximale Flexibilität zu gewähren und damit Rechtsstreitigkeiten mit Vertrags- und Kündigungsproblemen zu nehmen. Das entleihende Unternehmen, bei dem der Leiharbeitnehmer arbeitet, zahlt ca. den vierfachen (!) Verdienst des Zeitarbeitsunternehmens gegenüber einem ansonsten eigenem, normalem Arbeitnehmer. Dieser deutlich höhere Preis rechnet sich aber angeblich im Verhältnis zur Flexibilität und kann vom entleihenden Unternehmen zusätzlich von der Steuer abgesetzt werden.
Gehen Sie möglichst nicht in die Zeitarbeit, auch wenn es mittlerweile auch für kaufmännische und gewerbliche Durchschnittsarbeitnehmer kaum noch vermeidbar ist. In der Zeitarbeit wird **schlechter und unpünktlicher gezahlt**. Es werden regelmäßig nicht alle **(Über-)Stunden** vergütet. Sie haben oft **keinen konkreten Ansprechpartner**, so dass niemand für Ihre Fragen und Probleme zuständig ist. Arbeitnehmerschutzvorschriften werden z. T.

35

nicht angewendet, so dass ab dem ersten Tag einer nachgewiesenen Arbeitsunfähigkeit (Krankheit) oft gekündigt wird, etc., etc.
Meiden Sie deshalb die Zeitarbeit.

- **Einstieg über 450 €-Stellen, Teilzeit:**
Denken Sie auch nicht, dass Sie sich hocharbeiten können von einer ursprünglichen Arbeit als 450 €- oder Teilzeitkraft. Es herrscht ein derart **hoher Bewerberüberhang**, dass normale Arbeitnehmer wie Sand am Meer verfügbar sind. Deshalb machen sich die allerwenigsten Arbeitgeber die Mühe verdiente Arbeitnehmer zu unterstützen und bei Bewährung zu befördern. Anstatt dessen soll frischer Wind ins Unternehmen kommen durch neue Leute, die dann gerade nicht 450 €- oder Teilzeitkräfte sind.

- Auch der **Fachkräftemangel** und die plötzlich immer wieder unbesetzten Ausbildungsstellen sind nur z. T. richtig. Auch hier informiert die Presse leider unzureichend und die Politik sorgt nicht für Besserung. Meist handelt es sich beim Fachkräfte- und Ausbildungsmangel um Berufe, die **schlechte Arbeitsbedingungen und -bezahlungen** haben, z. B. Lkw-Fahrer, Pflegebranche, Gastronomie und Hotelgewerbe (Kellner, Köche, Putzpersonal), Gebäudereiniger, Bäcker, Bau, ggf. Handwerker, etc. Würden hier bessere Bedingungen vorherrschen, würden auch mehr Leute diese Stellen (dauerhaft) übernehmen und nicht nur Menschen in der Zeitarbeit hier eingesetzt werden, die kaum die deutsche Sprache beherrschen und schon gar nicht die deutschen Arbeitsgesetze kennen, so dass sie sich kaum wehren können.

- Sämtliche **Äußerungen der Politik**, Untersuchungen, etc. sollten Sie immer **mit Vorsicht genießen**. Gucken Sie sich die Ärzte- und Lehrerschwemme in den 1970er und 80er Jahren, die BWLer-, Ingenieurs- und Medienschwemme in den 1990er und

2000er Jahren oder die Generation Praktikum in den Medienberufen Anfang der 2000er an. Viel zu viele Bewerber bei zu geringem Bedarf – teilweise keine offiziellen Abschlüsse oder für die immer sehr wählerische Industrie immer noch zu schlecht bzw. für den öffentlichen Dienst zu überqualifiziert – tingelten jahrelang von einem befristeten Vertrag ohne soziale Sicherheit und Perspektive. Der Fachkräftemangel im Bereich Medizin und Ingenieuren, wo ist er spürbar? Erstaunlicherweise sind auch Akademiker, speziell Ingenieure und Ärzte mittlerweile in der Zeitarbeit, um irgendeine Stelle und Erfahrung zu haben! Anfang 2000 sind extrem viele Theologen bzw. Priester und Ärzte in die Schweiz, nach England und Skandinavien gegangen. Weshalb? Weil die Chancen auf Vergütung, angemessene Arbeitszeiten und Arbeit-Freizeit-Verhältnis eindeutig besser sind als in Deutschland. Seit Anfang der 1990er Jahre sind Akademiker im Bereich Kunst, Sprache, Kultur mangels Bedarf chancenlos auf dem Arbeitsmarkt. Die vielbeschworenen Elite aus den Mint-Fächern (Mathematik, Informatik, Naturwissenschaften = Biologie, Physik, Chemie und Technik) sind exzellent, aber müssen sich weltweit (!) bewerben, da sie in Deutschland entweder gar keine Stelle erhalten, oder immer nur bei Hochschulen befristet ohne Perspektive auf Verdienst, Familie und soziale Sicherheit. Null Chance für all diejenigen, die zur angeblich falschen Zeit die falsche Ausbildung abgeschlossen haben. Ähnliches gilt für gewerbliche und kaufmännische Berufe bis zu einem gewissen Grad.

- Vergessen Sie auf jeden Fall **Rankinglisten** in Zeitungen und gekürte **Top-Arbeitgeber des Jahres**. Medien recherchieren hierbei extrem ungenau, wollen in erster Linie Ihre Zeitungen verkaufen und Unternehmen kaufen sich derartige „Werbung". Alles ein Geschäft und oft stimmt gerade das Gegenteil!

- Seien Sie auch vorsichtig vor **allzu arbeitnehmerfreundlichen Arbeitgeber**n, die es gerne sehen, wenn ihre Arbeitnehmer Sabbatauszeiten nehmen oder von Elternzeiten hoch motiviert nach Jahren zurückkehren und selbstverständlich auf aktuellem Stand sind. Gleiches gilt für Arbeitgeber, die ihren Mitarbeitern die Möglichkeit bieten nach der offiziellen Arbeitszeit auf unternehmenseigenen Tennis- oder Fußballplätzen oder Fitnessanlagen zu regenerieren, um danach mit Kollegen doch noch über die Arbeit zu sprechen und gemeinsam nach Lösungen für Probleme zu suchen. Auch die permanente Erreichbarkeit – sogar im Urlaub – mittels Handy und email entspricht nicht gesundem Menschenverstand, ist juristisch kein gewährter Urlaub bzw. Freizeit und deshalb erneut vollständig zu gewähren. Derartige Arbeitgeber wirken ggf. flott, sind aber ineffektiv und unseriös, auch wenn es sich um Weltkonzerne handelt. Erstaunlicherweise bieten viele derartiger Unternehmen keine Altersteilzeit mehr an, obwohl sehr viele Arbeitnehmer sofort unterschreiben würden. Der Grund? Seit 2009 erfolgt keine Förderung mehr durch die Bundesagentur, so dass Arbeitgeber bei Gewährung von Altersteilzeit mehr an den Altersteilzeitarbeitnehmer zahlen müssten. Alles ein Geschäft.

Allerdings muss man einen großen Unterschied zwischen kleinen, mittleren und großen Arbeitgebern manchen.

In **kleineren Unternehmen**, d. h. bis ca. 15 Arbeitnehmer, werden Verträge und -konditionen häufig durch Handschlag eingegangen. Der Kontakt zum Chef ist sehr eng, er bestimmt und wer das sowie die Konditionen nicht akzeptiert, spürt dies bzw. muss zügig das Unternehmen verlassen.

In **mittelgroßen Unternehmen**, d. h. bis ca. 400 Arbeitnehmer, ist der Kontakt zum Chef selten, dafür existieren Vorarbeiter oder Abteilungsleiter, die bis zu einem gewissen Grad Verständnis für die ihnen untergebenen Arbeitnehmer haben. Falls man als Arbeitnehmer nicht besonders negativ auffällt, ist man hier ganz gut aufgehoben, obwohl auch hier die Strenge der Führungsebene teilweise intensiver ist.

In **großen (Welt-)Unternehmen/Konzerne**, d. h. ab 500 + x Arbeitnehmer, sind die Kommunikationswege zwischen dem Arbeitnehmer und Vorgesetzten sowie Chef sehr lang. Dadurch geht viel Information und Energie verloren, so dass sich unterdurchschnittliche Arbeitnehmer erstaunlicherweise länger im Unternehmen halten können. In Unternehmen solcher Größe kommt es aufgrund geringerer Kontrolle zu perversen Auswüchsen, wie Mobbing, die durch Führungskräfte, ggf. Betriebsrat, etc. auch nicht effektiv beantwortet werden. Schließlich sollten Sie den Unterschied zwischen **Arbeitgebern in Ballungszentren und in der Provinz** kennen. In Ballungszentren möchten viele Menschen aus unterschiedlichen Gründen leben. Im Verhältnis gesehen gibt es dort aber nicht immer gleich viele Arbeitgeber, so dass ein Bewerberüberhang existiert. Aufgrund dessen können Arbeitgeber in Ballungszentren Arbeitsplätze schneller und einfacher besetzen, was die Neigung sich arbeitgeberseitig von Arbeitnehmern zu trennen, deutlich verstärkt. Aufgrund dessen herrscht in Ballungszentren ein tendenziell rauerer Umgang mit Mitarbeitern als in der Provinz, wo auch sehr große Unternehmen oft noch inhabergeführt sind.

Bewerben Sie sich
- geographisch,
- von der Branche und

- dem Unternehmensprodukt

dort, wo
- Arbeitskräftebedarf herrscht,
- speziell Arbeitskräfte Ihrer Qualifikation und Fähigkeiten **gesucht werden**,

desto eher werden Sie eine Stelle zu angemessenen Bedingungen finden.

Denken Sie an die Börse, seltenes ist viel wertvoller, weil schwieriger kurzfristig zu beschaffen als das, was jederzeit ohne große Probleme ersetzt werden kann. Es ist alles ein Geschäft – auch für Sie.

Vorgenanntes gilt umso mehr durch die humanitär sicher positiv zu beurteilende, in den Auswirkungen – allein auf den deutschen Arbeitsmarkt – aber komplett ohne Kontrolle intensivst sich negativ auswirkende, völlig vermeidbare Flüchtlingspolitik. Flüchtlinge werden in den nächsten Jahren zu Hungerlöhnen zumindest inoffiziell arbeiten und keine Behörde und kein Gericht wird hiervon viel mitbekommen. Außerdem wurde für diese Personen bereits eine Ausnahme vom Mindestlohngesetz energisch diskutiert, wenn auch vorläufig nicht durchgesetzt. Sehr vieles wird sich hierdurch, eine weitere Technisierung durch elektronische Medien in Verwaltungen, als auch eine stärkere Automatisierung im gewerblichen Bereich ändern, so dass sich der Bewerberüberhang und vermeintlich sichere Arbeitsstellen noch deutlich zum Negativen für Arbeitnehmer entwickeln wird. Aufgrund dessen sollen Sie bereits jetzt überlegen, wie sie früher oder später eine Alternative finden können, ggf. indem Sie sich selbstständig machen, (befristet) Deutschland verlassen, ... Das ist aktuell vielleicht noch Zukunftsmusik für Sie (und Ihre Kinder), in einigen Jahren aber ggf. notwendig.

5. Startschuss: Bewerben – und wie?!
a) Unterschiedliche Möglichkeiten der Bewerbung
Es gibt folgende Formen von Bewerbungen:
1. Schriftliche Bewerbung mit postalischer Übersendung
2. Schriftliche Bewerbung mittels email-Übersendung
3. Schriftliche Initiativbewerbung per postalischer oder email-Übersendung
4. Kurzbewerbung telefonisch
5. Formularbewerbung durch Eintippen von persönliche Daten in ein Formular auf der Internetseite eines Arbeitgebers
6. Z. T. neue Formen der Bewerbung:
   - Flugblatt bzw. vergrößerte Visitenkarte, die persönlich übergeben oder übersandt wird
   - Eigene Internetseite oder eigenes Bewerbungsvideo, das entweder für jedermann abrufbar über einen Videokanal bzw. per email einem Arbeitgeber übersandt wird.

Die **schriftliche Bewerbung** mittels Übersendung per Post oder email ist immer noch die erfolgreichste, da sie nicht nur üblich, sondern vor allem einfach zu handhaben ist – lesen, ablegen, wiederfinden. Deshalb sollten Sie Bewerbungen immer schriftlich fertigen.
Der **Vorteil** der ausgedruckten Bewerbung gegenüber einer email-Bewerbung ist die Visualisierbarkeit, d. h. der Personalverantwortliche hat Ihre Bewerbung wortwörtlich in seinen Händen und kann sie in Ruhe prüfen, auch wenn sie nicht derart einfach gespeichert, archiviert und abgerufen werden kann wie eine email-Bewerbung. Bei einer email-Bewerbung ist die Handhabung sicher viel einfacher, gerade das macht die **email-Bewerbung** aber **sehr flüchtig**: Schon die nächste Seite geblättert, was war oben noch einmal, verschoben, gelöscht weg ist sie – egal, sind ja noch 10000000000000 andere Bewerbungen da. Unterschätzen Sie dies nicht! Sie sollten Ihre Bewerbung deshalb möglichst immer schriftlich per Post übersenden und an den Personal-

verantwortlichen bzw. direkt an den Chef übersenden, außer das Unternehmen bittet ausschließlich um eine Bewerbung per email. In letzterem Fall könnten Sie zwar überlegen zusätzlich zur email-Bewerbung eine schriftliche Bewerbung postalisch zu übersenden, um aufzufallen. Hier ist der Grad zwischen positivem Auffallen und dem Unternehmen zur Last fallen allerdings sehr schmal, so dass Sie in diesem Fall nur eine email-Bewerbung übersenden sollten, zumal Ihre schriftliche Bewerbung dann ziemlich sicher nicht zurückübersandt wird, was ärgerlich sein kann.

Ob Sie **vorher** mit demjenigen **telefonieren**, der für Ihre Bewerbung zuständig ist, kann man so und so beurteilen. Durch einen solchen Anruf können Sie sich bei kleineren Unternehmen von potenziell anderen Bewerbern abheben, da die meisten nicht anrufen. Zusätzlich können Sie aber vorab kurz und einfach ohne große Mühen kleinere Fragen zur Stelle stellen, z. B. Einsatzort, Arbeitszeiten, Kollegen, Ausstattung, ggf. Bezahlung, und so prüfen, ob die Stelle wirklich für Sie interessant ist. Ggf. lohnt sich eine Bewerbung für Sie gar nicht, da die Stelle unattraktiv für Sie ist. Möglicherweise erfahren Sie von Ihrem Gesprächspartner auch weitere Details, auf die das Unternehmen Wert legt, z. B. besondere Spezialkenntnisse, -fähigkeiten, -erfahrungen, etc. Wissen Sie, dass das Unternehmen hierauf besonderen Wert bei Bewerbern legt, sollten Sie Ihre Kenntnisse, Fähigkeiten und Erfahrungen in gerade diesem Bereich natürlich viel stärker hervorheben, damit Sie sich von anderen Bewerbern abheben. Rufen Sie an, wird sich Ihr Gesprächspartner nur in kleineren Unternehmen an Sie und Ihren Bewerbungsanruf erinnern. Manche Unternehmen schätzen Ihre hierdurch illustrierte Eigeninitiative, Ihr Selbstbewußtsein und, dass Sie keine Berührungsängste haben. Größere Arbeitgeber nervt solch ein Anruf eher, da er sie nur „von der Arbeit abhält". Den Königsweg gibt es hier nicht, aber als **grobe Fastregel** können Sie sich merken: Je kleiner das Unternehmen ist, desto eher lohnt sich ein Anruf, da Sie in kleineren Unternehmen eher persönlich wahrgenommen werden, als in größeren Unternehmen und sich Ihr Ansprechpartner mehr Zeit und ehrlichere Aufmerksamkeit für Sie nehmen wird. Haben Sie Bedenken, dass Sie nicht gut rüberkommen, sollte Sie dies gerade nicht davon abhalten anzurufen. Vielmehr sollten Sie einen solchen Anruf – der ja nur einen direkten Kontakt zu Führungspersonen im Unternehmen darstellt und deshalb oft im Berufsleben vorkommt – üben. Sie werden immer besser werden und immer bessere Ergebnisse erzielen, genauso wie beim Üben von Vorstellungsgesprächen. Setzen Sie sich an den Küchentisch oder vor den Spiegel und telefonieren Sie mit sich selbst bzw. bewerben Sie sich vor sich selbst – klingt dämlich, bringt aber extrem viel, unterschätzen Sie dies definitiv nicht! Für ein solches Telefonat sollten Sie selbstverständlich vorher Ihre Bewerbung, also Ihre Werbung für Ihre Person, durchgegangen sein, um flüssig die wesentlichen für den Arbeitgeber wichtigen Punkte zu präsentieren und von der berühmten Wellenlänge sympathisch rüberzukommen. Außerdem können Sie noch Ihnen wichtige Fragen stellen. Gehen Sie aber davon aus, dass ein solches Telefonat zwischen gut fünf – zu 20 Minuten dauert, je nach dem, wie interessant Sie für das Unternehmen sind und wie Ihr Gesprächspartner gelaunt ist.

Initiativbewerbungen sind immer vorteilhaft. Sie zeigen dem Unternehmen, dass Sie nicht auf Ihre Chance warten, sondern selbst aktiv angemessen für Ihre Arbeitsstelle kämpfen. Das wird von vielen Unternehmen gerne gesehen, auch wenn manche Personalabteilungen mittlerweile permanent gegen eine Flut von Initiativbewerbungen ankämpfen müssen. Das betrifft aber eher sehr große (Welt-)Unternehmen, so dass Sie hier eher keine Vorteile bei einer Initiativbewerbung haben; bei kleinen und mittleren Unternehmen dagegen aber grundsätzlich schon, da sich keine weiteren Bewerber beworben haben und das ist Ihre Chance. Sie sind zur richtigen Zeit am richtigen Ort mit dem richtigen Profil und der richtigen Bewerbung.
Ggf. bringen Sie durch Ihre Initiativbewerbung das Unternehmen erst dazu eine bestimmte Stelle zu besetzen, weil

die Notwendigkeit zwar immer da war, jetzt aber endlich eingestellt werden muss. Seien Sie sich aber bewußt, dass mittlere und große Arbeitgeber nachdem sie den Entschluss zur Stellenbesetzung getroffen haben nicht nur Ihre (Initiativ-)Bewerung für ein Bewerbungsgespräch und folgende Einstellung ausreichen lassen. Mittlerweile führen speziell mittlere und große Arbeitgeber Bewerbungsverfahren trotz Ihrer Vorabinitiativbewerbung durch, was ärgerlich ist, da Sie dann den bezweckten Vorteil durch Ihre Initiativbewerbung nicht mehr haben.

Passt Ihre Bewerbung vom Profil, besteht jedoch gerade kein Bedarf an einer zusätzlichen Stelle, bewahren Arbeitgeber Initiativbewerbungen auch für spätere Besetzungen auf und melden sich nach einer gewissen Zeit bis zu ca. zwei Quartale später. Das ist aber nur dann der Fall, wenn man Ihnen antwortete, dass derzeit zwar kein Bedarf vorliegt, das Unternehmen aber zu gegebener Zeit ggf. auf Ihre Bewerbung zurückkommt. Sollten Sie nach einem knappen Jahr nichts von Ihrer Initiativbewerbung gehört haben, wenn das Unternehmen diese aufgrund Ihres interessanten Profils aufbewahrte und Ihnen dies mitteilte, können Sie davon ausgehen, dass sich das Unternehmen nicht mehr für irgendeine Besetzung bei Ihnen meldet. Von daher lohnt sich das Warten tendenziell nicht.

Hinsichtlich der Frage, ob Sie Ihre Initiativbewerbung schriftlich oder per email übersenden, gilt das oben zur schriftlichen Bewerbung geschriebene.

Speziell bei einer Initiativbewerbung sollten Sie **vorher** mit demjenigen **telefonieren**, der für Ihre Bewerbung zuständig ist. Ihr Gesprächspartner wird sich zwar nur in kleineren Unternehmen an Sie und Ihren Bewerbungsanruf erinnern, Sie zeigen so aber Eigeninitiative, Selbstbewußtsein und, dass Sie keine Berührungsängste haben. Genau das wünschen sich – zumindest auf den ersten Blick vernünftige – Arbeitgeber. Zusätzlich können Sie aber vorab kurz und einfach ohne große Mühen kleinere Fragen zur Stelle stellen, z. B. Einsatzort, Arbeitszeiten, Kollegen, Ausstattung, ggf. Bezahlung, und so prüfen, ob die Stelle wirklich für Sie interessant ist. Ggf. lohnt sich eine Bewerbung für Sie gar nicht, da die Stelle unattraktiv für Sie ist. Möglicherweise erfahren Sie von Ihrem Gesprächspartner auch weitere Details, auf die das Unternehmen Wert legt, z. B. besondere Spezialkenntnisse, -fähigkeiten, -erfahrungen, etc. Wissen Sie, dass das Unternehmen hierauf besonderen Wert bei Bewerbern legt, sollten Sie Ihre Kenntnisse, Fähigkeiten und Erfahrungen in gerade diesem Bereich natürlich viel stärker hervorheben, damit Sie sich von anderen Bewerbern abheben. Wie auch bei anderen Bewerbungen: Haben Sie Bedenken, dass Sie nicht gut rüberkommen, sollte Sie dies gerade nicht davon abhalten anzurufen. Vielmehr sollten Sie einen solchen Anruf – der ja nur einen direkten Kontakt zu Führungspersonen im Unternehmen darstellt und deshalb oft im Berufsleben vorkommt – üben. Sie werden immer besser werden und immer bessere Ergebnisse erzielen, genauso wie beim Üben von Vorstellungsgesprächen. Setzen Sie sich an den Küchentisch oder vor den Spiegel und telefonieren Sie mit sich selbst bzw. bewerben Sie sich vor sich selbst – klingt dämlich, bringt aber extrem viel, unterschätzen Sie dies definitiv nicht! Also nur Mut und versuchen Sie es, Sie werden immer besser werden und es irgendwann schaffen! Auch für dieses Telefonat sollten Sie selbstverständlich vorher Ihre Bewerbung, also Ihre Werbung für Ihre Person, durchgegangen sein, um flüssig die wesentlichen für das Unternehmen wichtigen Punkte zu präsentieren, von er Wellenlänge sympathisch rüberzukommen und noch für Sie wichtige Fragen zu stellen. Auch hier können Sie zwischen gut fünf bis zu 20 Minuten für das Telefonat veranschlagen, je nach dem, wie interessant Sie für das Unternehmen sind und wie Ihr Gesprächspartner drauf ist.

Aus denselben bei der Initiativbewerbung beschrieben Gründen kann Sie ein Telefonanruf bzw. ein **Telefonbewerbungsgespräch** nach vorne katapultieren, da andere Bewerber noch gar nichts von einer offenen Stelle wissen bzw. aus falscher Scheu gar nicht erst anrufen. Aus diesen Gründen lohnt sich ein Anruf bei kleineren Arbeitgebern immer, bei größeren leider nur z. T., da sich diese wie beschrieben nicht immer gerne mit Bewerbern am Telefon befassen, was kurzsichtig ist. Gerade hier sollten Sie für ein solches Telefonat selbstverständlich vorher Ihre Bewerbung, also Ihre Werbung für Ihre Person, durchgegangen sein, um flüssig die wesentlichen für das Unternehmen wichtigen Punkte zu präsentieren, von der Wellenlänge recht sympathisch rüberzukommen und noch Ihnen wichtige Fragen zu stellen. Kalkulieren Sie auch für eine telefonische Kurzbewerbung irgendetwas zwischen gut fünf bis zu 20 Minuten ein, je nach dem, wie interessant Sie für das Unternehmen sind und wie angenehm Ihr Gesprächspartner Sie findet.

Bei **Formularbewerbungen** durch Eintippen von persönlichen Daten in ein Formular **auf der Internetseite eines Arbeitgebers** können Sie nur eingeschränkt eine persönliche Note erzielen und sich aus diesem Grund von anderen Bewerbern abheben. Unternehmen, die derartige Formularbewerbungen wünschen, nehmen keine anderen Bewerbungsformen, wie schriftliche Bewerbungen oder Initiativbewerbungen, etc. an. Solche (Welt-)Unternehmen sind sehr groß und es bewerben viele Bewerber. Diese Unternehmen filtern deshalb von Anfang an solche Bewerber schematisch aus, die aufgrund der Qualifikation, Note, fehlenden Erfahrungen, bestehenden oder nicht gegebenen Sprach-/Computerkenntnissen, etc. dem Unternehmen nicht gefallen. Stellen Sie sich auf diese unternehmerische Vorgehensweise ein, indem Sie einerseits möglichst viele, ggf. jedes auszufüllende Feld des Formulars ausfüllen, um viele wichtige, positive Informationen über Sie zu präsentieren – andererseits sollten Sie auf keinen Fall lange und/oder unklare Informationen eintippen. Versuchen Sie trotz der zunächst ausschließlich durch einen Computer (!) durchgeführten Grobprüfung schematisch, als auch von Ihrer Persönlichkeit bzw. Ihrem Charakter – gerade dies entscheidet oft über Einstellungen – die Erwartungen in fachlicher Hinsicht und den Ton im üblichen Unternehmensumgang zu treffen, auch wenn dies sehr schwierig ist, da Sie hierzu wenn überhaupt wenig Detailinformationen haben.

Auch bei Bewerbungen gibt es eine Mode, so dass sich neue Formen der Bewerbung entwickeln. Aktuell werden **Flugblätter** bzw. **vergrößerte Visitenkarten** empfohlen, die persönlich übergeben oder übersandt werden. In Zeiten des Internets kommen manche Unternehmen bzw. Bewerber auch auf die Idee eine eigene Internetseite oder ein eigenes **Bewerbungsvideo** zu erstellen, das entweder für jedermann im Internet bzw. einen Videokanal abrufbar ist oder per email einem Arbeitgeber übersandt wird.

Diese Bewerbungsformen sind aktuell nicht verbreitet und bei den meisten Unternehmen definitiv unüblich, auch wenn sie professionell sein sein können. Derartige Bewerbungsformen denken sich Coaches und Bewerbungspsychologen aus, um mehr Pep in ihre ewig alten Tipps zu bringen – in der Realität kommen derartige Bewerbungsformen grundsätzlich nicht gut an, so dass Sie sich so nicht bewerben sollten. Um in einer Branche aufzufallen, die sich für besonders abgefahren hält – z. B. Werbung, Medien (Fernsehen, Zeitung, Rundfunk) –, kann diese Bewerbungsform versucht werden; dies sollte aber auf jeden Fall durch o. g. klassischen Bewerbungsformen, wie eine email-Übersendung der schriftlichen Bewerbungsunterlagen, ergänzt werden.

Denken Sie daran:

- **Bei formalen Fehlern/Unüblichkeiten haben Sie sofort verloren.**
- **Haben Sie diese Hürde genommen, heben Sie sich von anderen Bewerbern durch Ihren Inhalt, d. h. fachliche Stärke, ab.**
- **Wirken Sie – durch Hobbies, Gemeinsamkeiten mit dem Personalverantwortlichen bzw. Chef – von der Wellenlänge sympathisch, werden Sie zum Bewerbungsgespräch eingeladen.**
- **Machen Sie im Bewerbungsgespräch einen einigermaßen guten Eindruck, besteht echter Bedarf an Ihrer Arbeitskraft und haben Sie keine**

extreme Konkurrenz, werden Sie die Stelle erhalten.

b) Was gehört in Ihre Bewerbungsunterlagen?

Ihre Bewerbung sollte aus

- Ihrem **Anschreiben**,
- Ihrem **Lebenslauf**,
- Ihren **Zeugnisse**n und
- ggf. einer individuellen Kurzzusammenfassung Ihrer wesentlichen Vorteile für den Arbeitgeber bestehen, bei dem Sie sich bewerben.

Sicherlich können Ihre Bewerbungsunterlagen auch weniger, andere oder mehr Inhalte haben. In der Praxis hat sich dieses Paket aber bewährt, da hierdurch alle entscheidenden Fragen des etwaigen Arbeitgebers beantwortet werden und Sie ihn nicht mit zu vielen Informationen erschlagen. Um stilvoller zu wirken können Sie dem ein **Deckblatt** mit Ihren persönlichen Daten sowie der begehrten Stelle voranstellen. Ein **Anlagenverzeichnis** mit Verweis auf Zeugnisse, weitere Nachweise bzw. Anlangen, etc. sollten Sie nicht wählen, da es zu bürokratisch wirkt und keinen echten Nutzen hat.

Optische Mängel, wie alte, vergilbte Unterlagen, Knicke, Fettflecke, etc., führen sofort dazu, dass Sie die Stelle nicht bekommen, da Sie dem Unternehmen hierdurch Ihre nachlässige Haltung und fehlendes Engagement verdeutlichen.
Um überhaupt eine Chance zu haben, müssen Ihre Bewerbungsunterlagen

- **gut aussehen und**
- **fehlerfrei sein.**

Um die Stelle definitiv zu bekommen,

- **müssen Sie** sich vom Standard der anderen Bewerber abheben,
- **dürfen Sie** und Ihre Bewerbungsunterlagen nicht zu langweilig-eintönig oder zu kreativ sein, je nachdem, in welcher Branche Sie sich bewerben.

Dies können Sie durch

- einerseits positiv abweichende Qualifikation, Fort-/Weiterbildungen, Erfahrungen, etc. und/oder
- durch geschicktes Treffen des Unternehmensstils bzw. -tons **erreichen**.

Bzgl. Ihrer harten, d. h. **messbaren Qualifikationen**, Fort-/Weiterbildungen, Erfahrungen, etc. nehmen Sie an den richtigen Stellen im Anschreiben und Lebenslauf knappe, aber entscheidende Ergänzungen vor, die den Personalverantwortlichen gerade auf Ihre Schwerpunkte in diesem Bereich ganz eindeutig, aber nicht plump, **hinweisen und mit** konkreten **Zeugnissen „beweisen"**.

Hinsichtlich Ihrer weichen, d. h. nicht messbaren Fähigkeiten, Charaktereigenschaften und Eigenschaften ergänzen Sie ebenfalls an den entscheidenden Stellen Ihr Anschreiben bzw. Ihren Lebenslauf und behaupten dies einfach ohne „Beweise", wie Zeugnisse, etc. selbstbewußt, aber nicht plump. Wie dies geschieht sogleich bei den Unterpunkten Anschreiben und Lebenslauf.

Beachten Sie, dass Sie und Ihre Bewerbungsunterlagen so perfekt sein können, wie sie wollen – wenn ein Unternehmen keinen Bedarf hat oder mal wieder die Sparwelle durch Chefs angeordnet wurde, haben Sie keine Chance irgendeine Stelle zu bekommen. Quälen Sie sich deshalb nicht und bewerben Sie sich grundsätzlich nicht mehr bei diesem Arbeitgeber. Sicherlich gibt es Ausnahmen, bei denen es sich vielleicht lohnt sich über einen Zeitraum von mehreren Jahren immer wieder zu bewerben, z. B. bei einem besonders gut zahlenden Unternehmen oder einem Arbeitgeber einer sehr sicherer Branche, so dass Ihnen eigentlich nicht mehr gekündigt wird, wenn Sie einmal an Bord sind. Häufig werden Ihre Bewerbungen aber automatisch aussortiert, ggf. landen sie direkt bei Ablehnungen, da Ihre Daten, u. a. Name, im Rahmen der Datenverarbeitung erhoben und verwendet werden. Zumeist werden sich Unternehmen nicht an Sie persönlich erinnern können und wenn, dann fühlen sich Arbeitgeber ggf. genervt von solchem Engagement, was fälschlicherweise als plumpe Aufdringlichkeit verstanden werden könnte. Unabhängig davon werden Stellen mittlerweile fast ausschließlich durch Zufälle besetzt, wobei es leider schon lange nicht mehr reicht der Richtige zur richtigen Zeit am richtigen Platz zu sein. Deshalb sollten Sie und der Personalverantwortliche möglichst von der Wellenlänge Gemeinsamkeiten haben, es sollte eine gewisse Sympathie zwischen Ihnen bestehen, die Sie von den anderen Bewerbern abhebt. Deshalb lohnt sich eine über einen langen Zeitraum vorgenommene Bewerbung selten, aber machen Sie Ihre eigenen Erfahrungen.

Beachten Sie ferner, dass im Arbeitsleben bzw. bei Arbeitgebern nicht die Logik entscheidet, d. h. über den tatsächlichen Arbeitskräftebedarf sind Unternehmen nicht immer richtig informiert und wollen es z. T. auch nicht. Es wird vielmehr nach mathematischen Größen als Optimalfall geplant, unabhängig davon, ob dies im Ergebnis ausreichend ist oder nicht.

Sie sollten sich möglichst nicht durch Ihre ggf. akute Notsituation irgendeine Stelle kurzfristig zu erhalten verrückt machen. Es gibt immer 1000000000000 Gründe für und ebenso viele Gründe gegen Ihre Einstellung sowie die Einstellung desjenigen, der tatsächlich eingestellt wird.

Versuchen Sie **mit zeitlichem Vorlauf** eine Stelle zu **suchen**. In diesem Fall stehen Sie nicht derart unter Strom, dass Sie erpressbar sind und fast jede Stelle zu fast jeden Bedingungen annehmen (müssen). Versuchen Sie **Ausdauer** zu haben, seien Sie selbstbewußt, es liegt nicht an Ihnen, sondern häufig an einem zu geringen Bedarf, einem subjektiven oder oberflächlichen Personalverantwortlichen. Und sollten Sie im Rahmen der Bewerbung unangemessen durch den Personalverantwortlichen oder andere Personen behandelt worden sein, beschweren Sie sich sachlich und knapp in schriftlicher Form bei dem nächsthöheren Mitarbeiter des Arbeitgebers oder direkt beim Chef. Sind Ihre Vorwürfe berechtigt, kann dies schwerwiegende Konsequenzen bis zu einer Kündigung für Personalverantwortliche haben.

Bevor Sie sich bewerben, sollten Sie sich – immer (!) – **im Internet** über eine Suchmaschine **unter Ihrem vollständigen Namen** sowie unter Videos, Bilder, News sowie shopping **suchen**, um Unliebsamkeiten von vornherein auszuschließen.
Überprüfen Sie Ihr Facebook-Profil oder vergleichbares, soweit Sie über derartiges verfügen. Entrümpeln und ggf. löschen Sie dieses. Auch wenn Unternehmen seit 2010 die Recherche in sozialen (nicht beruflichen) Netzwerken ohne Zustimmung des Bewerbers untersagt ist, kann nie ausgeschlossen werden, dass sich Unternehmen an Recht und Gesetz halten. Entdecken Sie negative Einträge, kontaktieren Sie den Betreiber der Suchmaschine über die Daten im Impressum auf dessen Internetseite oder die .de-Internetadresse, indem Sie die Internet-de-Registrierungsstelle Denic auf Nennung der konkreten Adresse in Deutschland auffordern. Ansonsten wenden Sie sich an internet-beschwerdestelle.de, www.webreputation.de oder www.blanco.de. Fordern Sie die Löschung Ihrer konkreten Daten binnen einer angemessenen Frist von einer Woche schriftlich. Sind Ihre Daten danach immer noch unverändert im Internet, sollten Sie einen Anwalt beauftragen, um die Korrektur oder Löschung durchzusetzen. Dies funktioniert in der Praxis und die Kosten hierfür trägt der jeweilige Suchmaschinenbetreiber, da diese den Rechtsstreit verlieren wird. Beachten Sie, dass auch **Xing**, etc. ist **nicht anonym** ist: Ihr Lebenslauf ist öffentlich einsehbar, ggf. auch bzgl. Ihrer Aktualisierungen. Anhand des grünen Balkens auf der rechte Seite kann man sehen, wie oft Sie Xing nutzen. Eine 100 %-Quote erreichen

Sie, wenn Sie einmal pro Tag Ihr Profil einsehen. Bei Ihrem Besuch auf anderen Profilen von Xing hinterlassen Sie ebenfalls Ihre Adresse. Das Internet ist insofern manchmal schwierig.

Beachten Sie, dass Ihr Profil bzw. Lebenslauf bei Xing und vergleichbaren Anbietern tendenziell nicht nur von potenziell neuen Arbeitgebern eingesehen und auf Attraktivität überprüft wird, sondern ggf. von Ihrem aktuellen Arbeitgeber überprüft werden könnte, ob Sie wechselwillig sind. Solche Arbeitgeber müssen allerdings viel Zeit haben. Dennoch kann man derartiges nicht ausschließen, speziell wenn Sie für Ihren Arbeitgeber besonders wichtig sind und deshalb gehalten werden sollen oder weil man überprüfen möchte, ob Sie (bereits) wechselwillig sind, man deshalb eine Abfindung sparen kann oder ob Sie noch weiter angespitzt werden müssen, um das Unternehmen zu verlassen.

Die Reihenfolge bzw. Vorgehensweise von Personalverantwortlichen ist ganz entscheidend:

- **Zuerst wird** Ihr **Lebenslauf gelesen**,
- **dann** das **Anschreiben**, wenn sich der Lebenslauf gelohnt hat;
- **erst danach** werden, bei Interesse und wenn es nicht zu viele sind, Ihre **Anlagen mit Zeugnissen** über Ihre Qualifikationen, Fortbildungen, etc. betrachtet.

Denken Sie daran: Bei formalen Fehlern/Unüblichkeiten haben Sie schon verloren, haben Sie diese Hürde genommen, heben Sie sich von den anderen Bewerbern durch Ihren Inhalt, d. h. fachliche Stärke ab. Wirken Sie – durch Hobbies, Gemeinsamkeiten mit dem Personalverantwortlichen – von der Wellenlänge sympathisch, werden Sie zum Bewerbungsgespräch eingeladen. Machen Sie dort einen einigermaßen guten Eindruck, besteht echter Bedarf an Ihrer Arbeitskraft und haben Sie keine extreme Konkurrenz, werden Sie die Stelle erhalten.

c) Formale Anforderungen Ihrer Unterlagen:

- Ihr Lebenslauf sollte **nicht mehr als drei Seiten** haben. Sicherlich können Sie deutlich mehr oder weniger vorzuweisen haben bzw. schreiben. Ihr Lebenslauf soll aber nur das für den Arbeitgeber, bei dem Sie sich individuell bewerben, beschreiben und da auch nur das Wichtigste und grundsätzlich das Aktuellste. Ansonsten könnten Sie auch einen Roman abgeben, der die wenigsten Arbeitgeber interessiert.

  Gleiches gilt für Ihr **Anschreiben**, maximale Grenze hier: **eine Seite**.

- Fertigen Sie Ihre Unterlagen **immer professionell mit einem Computer**. Bewerben Sie sich mit schriftlich ausgedruckten und postalisch übersandten Unterlagen, **benutzen Sie mindestens einen vernünftigen Standarddrucker**. Arbeiten Sie nicht mit einer Schreibmaschine da dies nicht gleichmäßig und gepflegt aussieht. Auch handschriftlich sollten Sie keine Unterlagen einreichen, es sei denn es wird ausdrücklich durch den Arbeitgeber darum gebeten, was sehr selten oder ggf. im möchtegernkreativen Bereich, d. h. bei Werbeagenturen, Theater, Kultur, Medien, etc., verbreitet ist.

- Benutzen Sie **weißes Papier**, etwas stärker als normalerweise. Normal sind 80 Gramm/qm, Sie sollten **90 Gramm/qm** verwenden, um die Hochwertigkeit und Bedeutung Ihrer Bewerbung als höherwertiger Bewerber gegenüber den anderen zu verdeutlichen. Außerdem kann man dickere Seiten besser blättern, so dass Ihre Bewerbungsunterlagen langsamer und somit aufmerksamer gelesen werden.

- Beschreiben Sie die Seiten **nur einseitig**, drucken Sie sie sauber aus, nicht geknickt, verdreckt, etc.

- Nutzen Sie übliche, **leicht lesbare Schriftstile**, d. h. Arial oder Times New Roman, auch wenn Ihnen beide nicht gefallen. Schriftgröße 11 oder 12, Fettdruck nur für den Betreff, sonst nicht, keine Unterstreichungen, kein Kursivdruck, etc.

- Schreiben Sie einzeilig und eher **Blocksatz**, da es eleganter und stimmiger wirkt als linksbündig, außer es entstehen ohne Silbentrennung bzw. bei sehr langen Wörtern große Zwischenräume zwischen den Wörtern, speziell wenn diese bei unterschiedlichen Zeilen sehr differieren. Flattersatz links- oder rechtsbündig wirkt entgegen den üblichen Empfehlungen von Bewerbungscoaches unordentlich und veraltet.

- Verwenden Sie einen **Rand** von 2,5cm auf beiden Seiten. Wenn Sie viel Text haben rechts 1,5 und links 2,5cm.

- Achten Sie auf eine ausgeglichene, **mittig wirkende Beschriftung** der Seite, nicht kopf-, unten-, rechts- oder linkslastige Beschriftung der Seite.

- Verwenden Sie **nur Zeugniskopien** in guter Qualität, d. h. ohne Kopierschatten, Knicke, Fettflecke und reichen Sie nie Originale ein. Übermitteln Sie außerdem Ihre Unterlagen bzw. einzelne Seiten nicht in Klarsichthüllen, Arbeitgeber mögen das gerade nicht.

- Bewerben Sie sich per **email**, können Sie als email-Text entweder direkt Ihr Bewerbungsanschreiben oder nur einen kurzen Hinweis auf Ihre Anlagen, d. h. Anschreiben, Lebenslauf, Zeugnisse, etc., anbringen, die Sie dann als separate email-**Anhänge** versenden. Arbeitgeber tendieren dazu Ihr Anschreiben direkt als email-Text erhalten zu wollen, aber das ist Geschmackssache.

- Auf **Verschlüsselungen** Ihrer Anhänge sollten Sie verzichten. **Versenden** Sie Ihre Bewerbungs-email möglichst abends außerhalb der werktäglichen Arbeitszeiten, definitiv nicht während üblicher Mittagspausezeiten oder während üblicher Arbeitszeiten respektive zu unüblichen Nachtzeiten. Andernfalls könnten Arbeitgeber den Eindruck gewinnen, Sie würden Ihre Bewerbung während der Arbeitszeit bei Ihrem Nocharbeitgeber erledigen, was nicht loyal wäre. Auch wenn dies eher nicht auffällt und manchen Arbeitgebern auch gleichgültig sein könnte, bietet sich die Zeit werktags zwischen 18 und 20h und an Wochenenden/Feiertagen in der Zeit zwischen 8 und 20h an email-Bewerbungen zu versenden.

- Seien Sie darauf vorbereitet, dass sich viele Arbeitgeber nicht auf Ihre Bewerbung melden, d. h. Sie erhalten keine **Eingangsbestätigung** und sehr oft nichtmals eine **Absage**, auch nach Wochen und Monaten. Dies ist eine rücksichtslose Frechheit von Arbeitgebern, die sich nicht benehmen können. Sie sollten deshalb nach einer Woche, seitdem Sie Ihre Unterlagen übersandt haben, telefonisch nachfragen, ob die Unterlagen eingegangen sind. Manchmal erhalten Sie nichtmals hierauf eine kompetente Antwort, was ein sehr schlechtes Bild auf das Unternehmen wirft. Versuchen Sie spätestens einen Monat nach Übersendung Ihrer Bewerbung herauszufinden, ob Ihre Unterlagen eingegangen sind und Sie abgelehnt wurden oder für ein Bewerbungsgespräch vorgesehen sind. Auch dies kann schwierig sein, da Sie hingehalten werden. Je mehr Sie vertröstet werden, desto eher und desto schneller sollten Sie davon ausgehen, dass das Unternehmen kein Interesse an Ihnen hat und Sie die Stelle nicht erhalten werden. In der Praxis nimmt es auch leider immer mehr zu, dass Stellenanzeigen, gerade in regionalen Zeitungen nur deshalb geschaltet werden, um den Lesern zu illustrieren, dass der annoncierende Arbeitgeber boomt und deshalb dringend neue Mitarbeiter sucht. Hier ist meist gar keine Stelle zu vergeben und die Stellenanzeige wird nur als Werbung für den angeblich so boomenden Arbeitgeber genutzt. Ein unmögliches Verhalten, aber darauf sollten Sie sich einstellen, um nicht unnötige Hoffnungen zu hegen. Denken Sie auch daran, dass mittlerweile nur wenige Arbeitgeber Ihre Bewerbungsunterlagen bei postalischen Bewerbungen an Sie zurückschicken. Deshalb übersenden Sie nie Originale, sondern nur Kopien, auf die Sie notfalls verzichten und die Sie immer wieder neu anfertigen können.

- **Referenzen** sind immer angenehm, aber nicht jeder kann wirklich gute, aktuelle, konkret von einer kompetenten Person und vor allem verlässliche Referenzen vorweisen. Heutzutage ist es auch aus der Mode gekommen Referenzen anzugeben, es sei denn Sie bewerben sich bei befreundeten Arbeitgebern oder in einer kleinen Nischenbranche, in der dies sehr gerne gesehen wird. Das weiß man aber als Bewerber bevor man sich dort bewirbt. Es ist deshalb oft nicht entscheidend, ob Sie Referenzen angeben oder nicht. Geben Sie allerdings Referenzen allerdings an, müssen diese
  - mindestens gut,
  - sehr aktuell, d. h. nicht älter als ein halbes Jahr sein,
  - konkret auf Sie und konkret auf bestimmte berufliche Leistungen von Ihnen Bezug nehmen und
  - von einer Person stammen, die einen wirklich kompetenten Eindruck macht bzw. eine berufliche Stellung bekleidet, die wichtig ist.

aa) Lebenslauf inklusive problematischer Brüche/ Lücken:

Wie gesagt, Ihr Lebenslauf wird als erstes von Ihrem potenziellen Arbeitgeber gelesen. Überzeugen Sie hier nicht, werden Sie die Stelle nicht erhalten. Deshalb sollten Sie

- keine vermeidbaren Fehler begehen,
- sich an bewährten Vorgehensweisen orientieren und
- sich möglichst von anderen Bewerbern positiv abheben, z. B. durch zusätzliche bzw. bessere Kenntnisse, Fähigkeiten, Erfahrungen, etc.

Hierzu hat sich immer wieder nachfolgendes Muster entwickelt, das Sie nur mit Ihren persönlichen Daten vervollständigen müssen; darüber hinaus sollten Sie aber noch weitere Pluspunkte aufführen, die Sie von anderen Bewerbern abheben, Sie zumindest von der Wellenlänge sympathisch wirken lässt.

Denken Sie daran: Bei formalen Fehlern/Unüblichkeiten haben Sie schon verloren, haben Sie diese Hürde genommen, heben Sie sich von den anderen Bewerbern durch Ihren Inhalt, d. h. fachliche Stärke ab. Wirken Sie – durch Hobbies, Gemeinsamkeiten mit dem Personalverantwortlichen – von der Wellenlänge sympathisch, werden Sie zum Bewerbungsgespräch eingeladen. Machen Sie dort einen einigermaßen guten Eindruck, besteht echter Bedarf an Ihrer Arbeitskraft und haben Sie keine extreme Konkurrenz, werden Sie die Stelle erhalten.

Sie sollten deshalb folgendes berücksichtigen:

- Ihr Lebenslauf muss eine **Gradlinigkeit** in Ihrem beruflichen Leben aufweisen. Es sollte möglichst eine ansteigende Qualifikation und wachsende Erfahrung mit steigendem Verantwortungsbereich erkennbar sein, so dass für den Arbeitgeber, bei dem Sie sich bewerben, erkennbar ist, Sie haben bei Ihrem Vorarbeitgeber angefangen und sich aufgrund Ihrer Qualifikation, Fähigkeiten und Erfahrung immer mehr bewährt, so dass Ihnen immer mehr und bessere Aufgaben übertragen wurden. Formal geht dies mit Beförderungen und Gehaltserhöhungen einher. Dies sollte neben Ihrer möglichst langfristig und durch Zeugnisse, Teilnahmeurkunden, etc. nachgewiesene Fortbildungsbereitschaft erkennbar sein.

- Ihr Lebenslauf sollte die **Bezeichnung** Lebenslauf oben klarstellend tragen. In Akademikerkreisen wird teilweise der lateinische Ausdruck Ciriculum vitae benutzt. Manchen wirkt dieser zu affig, andere möchten auf eine Zusammengehörigkeit von Akademikern hinweisen; aus Gründen der Sachlichkeit und da Sie nicht wissen, an wen Sie gelangen, sollten Sie den deutschen Begriff wählen.

- Im oberen Bereich werden Ihre **persönlichen Daten** aufgeführt:
  - Vor- und Nachname,
  - Geburtsdatum, ggf. -ort,
  - Ggf. Ihr Familienstand, d. h. ledig, verheiratet, verwitwet, etc.,
  - Adresse mit Straße und Ort
  - Erreichbarkeit möglichst per Telefon und per email. Geben Sie Telefon und email-Adresse an, müssen Sie natürlich damit rechnen, dass Sie hierüber kontaktiert werden und Sie zu üblichen Arbeitszeiten – 8 – 18h – hierüber erreichbar sind. Achten Sie darauf, dass Ihre email-Adresse Ihren Namen oder ein sachliches Kürzel trägt, keine putzigen oder anrüchigen Inhalte, wie donald.duck@... oder süsser.hase78@...

- **Nie angeben** sollten Sie
  - Name, Anschrift oder Beruf Ihrer Eltern;
  - auch nicht Ihre Religion und Nationalität, es sei denn Sie bewerben sich im öffentlichen

Dienst oder bei einem „Religionsarbeitgeber", d. h. bei der Kirche und deren Pflegeeinrichtungen, konfessionellen Krankenhäusern, etc., so dass Sie sich sicher sein können, dass Ihre identische Konfession bzw. Nationalität, wie die des entsprechenden Arbeitgebers, gerade passt und Sie deshalb Vorteile – ansonsten Nachteile – haben.

o Auch Ausführungen zu Kündigungen, Aufhebungsverträgen, gerichtlichen Verfahren über die Beendigung Ihres vorhergehenden oder noch aktuellen Arbeitsverhältnisses sowie spezielle Funktonen, die mit Ihrer beruflichen Leistung nichts zu tun haben, z. B. Betriebs-/Personalrat, gibt man nicht an.

o Schließlich lassen Sie sämtliche Ausführungen zu Ihrer Gesundheit, (Schwer-)Behinderung/Gleichstellung und Zugehörigkeit zu politischen Parteien oder sonstigen Interessengruppen, auch Gewerkschaften, weg, es sei denn in der Stellenanzeige wird ausdrücklich auf eine bevorzugte Einstellung von solchen Bewerbern hingewiesen.

• Ihr **Foto** sollte oben auf den Lebenslauf aufgeklebt werden. Das Format sollte 4,5 x 5 cm haben und farbig erfolgen, da schwarz-weiß oft traurig rüberkommt und Sie neben Ihren fachlichen Qualifikationen, Fähigkeiten und Erfahrungen mit der Wellenlänge/Sympathie punkten müssen. Ein leichtes Lächeln sollte deshalb auf dem Foto erkennbar sein, aber nicht arrogant, verspielt oder stocksteif-finster. Verwenden Sie nur hochwertige Portraitfotos möglichst vom Fotografen, auf dem man Sie mit Ihrem aktuellen Alter und Optik erkennt. Je nach Beruf, für den Sie sich bewerben, sollte Ihr Erscheinungsbild sein, d. h. bei Männern grundsätzlich Anzug mit Krawatte für kaufmännische Tätigkeiten; im gewerblichen Bereich etwas schickerer, dezenter Pullover, gepflegte Haare, keine Kopfbedeckung, keine erkennbaren Tatoos, rasiert, etc. Bei Frauen kaufmännisch: Bluse und ggf. Brosche/Halstuch, nie weibliche Figur, sprich Busen, zeigen bzw. betonen, dezente Schminke, kaum Schmuck, etc.; im gewerblichen Bereich identisch, ggf. etwas weniger hochwertige Bluse.

* Es ist üblich **oben im Lebenslauf mit dem aktuellen Stand** zu **beginnen.** Sie beginnen also oben mit Ihrer aktuellen Stelle/Ausbildung und gehen dann weiter in die Vergangenheit, z. B. dem davor liegenden Arbeitgeber, Ihre davor abgeschlossene Ausbildung, dann Ihre besuchte Schule, etc. Alles was jeweils länger in der Vergangenheit liegt, wird zeitlich darunter aufgeführt.
Sind Sie allerdings aktuell länger arbeitslos als einem Monat, beginnen Sie zeitlich mit der Vergangenheit und hören unten mit dem aktuellen Stand auf, um Ihre Arbeitslosigkeit etwas zu kaschieren.

* Von den **Inhalt**en sollten Sie klarstellend links den Zeitraum von … bis … grob nach vollen Monaten und Jahren aufführen und rechts davon Ihre konkrete Tätigkeit bzw. Ausbildung bei dem konkreten Unternehmen bzw. der Schule. Ggf. beschreiben Sie Ihren aktuellen Arbeitgeber nur geographisch und/oder abstrakt von der Branche und nennen ihn nicht konkret, damit gerade im ländlichen Raum oder im Nischenbereich nicht über Sie getratscht wird. Dies müssen Sie in Ihrem Einzelfall entscheiden.

* Unterhalb von Ihrer letzten Eintragung bzgl. Ihrer Ausbildung/Schule sollten Sie **sehr konkrete Eintragungen** vornehmen, **die Sie** – für die konkrete Stelle, auf die Sie sich bewerben – **von anderen Bewerbern positiv abheben**, z. B. Zusatzqualifikationen, Auslandsaufenthalte, EDV-Kenntnisse,

Sprachen, praktische Erfahrungen, Führerscheine, Praktika, etc. Alles möglichst sehr konkret und professionell klingend, nur das Wichtigste, also nicht 20 Eintragungen, und möglichst „bewiesen" durch Zeugniskopien. **(Sprach-)Kenntnisse** werden in folgender Leistungsstaffelung beschrieben: Grund-, Schul-, entwickelte Schulkenntnisse, hinreichend, gut, sehr gut, verhandlungssicher.

- Unter vorgenanntem Aufzählungspunkt führen Sie überschaubare Ausführungen zu Ihren **privaten Vorlieben**, d. h. Hobbies, auf. Achten Sie darauf dass Sie möglichst keine Außergewöhnlichkeiten, wie Kick-Boxen, Aktmodel, etc. präsentieren, da dies unseriös wirkt und von den wenigsten Arbeitgebern geschätzt wird. Es wird von Arbeitgebern gerne gesehen, wenn man maßvoll Ausdauersport treibt, z. B. Joggen oder Rudern. Dies soll von besonderer Ausdauer und Energie im Leben zeugen, sprich Sie machen gerne Überstunden und sind belastbar. Auch Mannschaftssport, wie Fußball, und soziales, ehrenamtliches Engagement in einem Verein oder mit jungen Leuten soll sich gut machen, da hierdurch ein maßvoll geselliges Bild eines sympathischen Menschen gezeichnet wird, der kein Einzelgänger oder kompliziert ist. Manche Bewerber meinen sich mit exotischeren Hobbies, wie Golf, intensives Computerspielen, etc. von anderen Bewerbern abheben zu müssen, und eine Zugehörigkeit zu bestimmten Gesellschafts-/Interessengruppen betonen zu müssen – hierauf sollten Sie aus Gründen der Sachlichkeit verzichten. Malen gilt als Ausdruck von Kreativität und ist eher für Frauen angebracht als für Männer, reisen wird als kulturell interessiert/tolerant verstanden, Schachspielen als besonders logisch denkend und Literatur/Lesen als kultiviert, detailverliebt.
Viele Bewerbungsratgeber raten Hobbys anstelle von – richtig: – Hobbies zu schreiben, da dies bei

Arbeitgebern besser ankäme; Quatsch, es gibt nur eine richtige Rechtschreibung! Alternativ schreiben Sie einfach Freizeitaktivitäten anstelle von Hobbies.

* Am Ende des Lebenslaufs notieren Sie links Ihren Wohnort und das aktuelle Datum Ihrer Bewerbung, rechts **unterschreiben Sie** mit einigermaßen leserlicher Unterschrift und blauem Filzstift. Das ist nicht zwingend erforderlich, aber ein Standard, so dass Sie dies einhalten sollen.

* Jeder Mensch führt ein anderes Leben. Haben Sie keinen gradlinigen Optimallebenslauf, sondern **Brüche im Lebenslauf**, Differenzen von hoch- und unterwertigen Ausbildungen bzw. Berufen, Zeiten der Arbeitslosigkeit o. ä., sollten Sie möglichst versuchen dies zu kaschieren, ggf. sogar intensiver. Zwar wird in den meisten Bewerbungsratgebern empfohlen beherzt mit Problemen im Lebenslauf umzugehen, da Offenheit im Normalfall eher belohnt werde. Das ist Quatsch, Unternehmen wollen ihre Stellen mit möglichst guten Mitarbeitern besetzen und zahlen dafür mittlerweile nichtmals gute Vergütungen. Außerdem bewerben sich mittlerweile derart viele wirklich gute Bewerber um eine Stelle, dass Unternehmen mit Bewerbungen zugeworfen werden und sich definitiv nicht die Mühe machen einem Bewerber bewußt eine Chance zu geben, der gewisse Brüche in seinem Leben(-slauf) hat. Oft erhalten Bewerber nichtmals eine Eingangsbestätigung, geschweige denn eine Absage, was eine Frechheit ist. Vergessen Sie derart träumerische Utopie von selbsternannten Bewerbungspäpsten, die selbst nie in der Praxis gearbeitet haben. Sie entscheiden selbst ob und wieviel Sie kaschieren; selbstverständlich dürfen Sie nicht lügen, wobei sich hierbei immer die Frage stellt, ob Ihre Lüge auffällt bzw. ob es sich um eine Lüge, d. h.

bewußt unwahre Behauptung oder eher um eine andere Beschreibung geht. Hierzu als wesentliche Gedankenanstöße:

Bei fehlender Gradlinigkeit Ihres Lebenslaufs versuchen Sie Ihre Tätigkeit, Berufsbezeichnung, Ausbildung, etc. **abstrakter** zu **beschreiben** und **listen Sie Ihren Lebenslauf nicht chronologisch, sondern nach Branchen/Tätigkeiten auf.** Dies ist zwar unüblicher, aber kaschiert Brüche. Versuchen Sie eine Version Ihres Lebenslaufs in dieser und eine Version in chronologischer Reihenfolge zu fertigen. Vergleichen Sie dann das Gesamtergebnis beider Versionen und wählen Sie den, der Ihnen am harmonischsten und unauffälligsten erscheint. Unabhängig davon sollten Sie immer **auf besondere Erfolge verweisen**, die nur Sie für Ihren vorherigen Arbeitgeber erzielt haben.

Bei nachfolgenden Situationen könnten Sie wie folgt argumentieren; hierbei sollten Sie aber berücksichtigen, dass etwas nicht passend gemacht werden kann, wenn es nicht passt bzw. man Ihnen – aus welchen Gründen auch immer – keine Chance auf ein Bewerbungsgespräche bzw. eine Einstellung geben will. Es gibt im angeblich weltoffenen und toleranten Deutschland dermaßen viele Chefs, Personalverantwortliche und sonstige, die keine Hobbies haben und deshalb andere Menschen schlecht behandeln, weil Sie Idioten sind, die ihre Macht ausleben wollen und leider ein viel zu starker Bewerberüberhang besteht.

o Bei noch **nicht abgeschlossener Schule/Ausbildung**, etc. sollten Sie von Ihrem voraussichtlichen Abschluss als … am … ggf. mit der voraussichtlichen Note … im Lebenslauf sprechen.

o Sollten Sie vermeintlich **zu alt** sein, betonen Sie einerseits Ihr angeblich aktives Engagement in der Gesellschaft, im Sport-/Kulturverein, etc. und nennen Ihr Alter von Anfang an nicht. Ist dem Arbeitgeber Ihr Alter wichtig, wird er fragen und dann nennen Sie ihm das richtige, verweisen aber auf Ihre fachliche und persönliche Erfahrung sowie Ihre Belastbarkeit – Alter macht nicht schwächer, es läßt einen Menschen reifen. Können Sie einen potenziellen Arbeitgeber hiermit nicht überzeugen, ist er ohnehin kein guter Arbeitgeber.

○ Waren Sie **weniger als zwei Jahre bei demselben Arbeitgeber**, versuchen Sie mehrere Arbeitgeber unter einen Sammelbegriff hinsichtlich Ihrer Ausbildung oder der Branche zu fassen. Ggf. könnten Sie die kurze Beschäftigung auch mit einer Befristung beschreiben, so dass dadurch das Arbeitsverhältnis auch in Ihrem Interesse endete, da Sie sich weiterentwickeln wollen und mehr Verantwortung übernehmen möchten.

○ Sind Sie **mehr als 10 Jahre bei dem identischen Arbeitgeber**, versuchen Sie in dieser Zeit eine Beförderung und/oder Spezialisierung erkennen zu lassen, indem Sie Ihre Tätigkeiten/Zuständigkeiten untergliedern und Erfolge betonen.

○ Sind Sie **überqualifiziert**, beschreiben Sie Ihre höhere Qualifikation in Ihren Bewerbungsunterlagen verkürzt, abstrakter und ungenauer, damit Ihr potenzieller Arbeitgeber dies möglichst nicht so genau erkennen kann. Stellen Sie Ihre Praxiserfahrung heraus und verweisen Sie auf Gemeinsamkeiten. Sie bewerben Sie eben bei einem Profiunternehmen, das auch einen Profi braucht und der sind Sie!

○ Sollten Sie **unterqualifiziert** sein, treten Sie ehrlich, aber selbstbewußt auf. Ist der potenzielle Arbeitgeber nicht von Ihren Qualitäten überzeugt, werden Sie nicht zum Bewerbungsgespräch eingeladen – werden Sie eingeladen, sind Sie schon ein ganzes Stück weiter.

o Waren Sie vor Ihrer Bewerbung als Arbeitnehmer **selbstständig**, könnten Sie beschreiben, dass dies zwar formell stimmt, letztendlich waren Sie aber angestellt, weil Sie immer/fast immer/sehr häufig mit denselben Personen zu tun hatten und ähnlich bei Ihrem Vertragspartner integriert waren, wie ein Arbeitnehmer. Von daher bestand gar kein großer Unterschied zu einem Angestellten. Im Übrigen kann man nicht vom Scheitern einer erfolglosen Selbstständigkeit sprechen, da sich jeder Mensch entwickelt. Sie haben die Selbstständigkeit ausprobiert und es war nichts für Sie. Deshalb bewerben Sie sich jetzt konsequent als Arbeitnehmer bei einem attraktiven Arbeitgeber, der allein auf Ihre – auch durch die Selbstständigkeit erweiterten – Qualifikationen, Fähigkeiten und Erfahrungen setzt. Bei einem Arbeitgeber, der Sie als gescheitert ansieht, sollten Sie ohnehin nicht arbeiten und darauf verweisen, dass es keinem Chef, Personalverantwortlichen o. ä. zusteht von einem Scheitern zu sprechen, wie es in der Praxis oft geschieht!

o Haben Sie ein **schlechtes Arbeitszeugnis** oder fehlt Ihr Zeugnis, versuchen Sie dies auf jeden Fall von Ihrem vorherigen Arbeitgeber einzufordern bzw. korrigieren zu lassen. Hierfür haben Sie ein Jahr nach dem beendigten Arbeitsverhältnis Zeit. Innerhalb dieser Zeit schreiben Sie Ihren vorherigen Arbeitgeber an Ihnen ein qualifiziertes Endzeugnis zu erteilen, andernfalls müssen Sie Klage vor dem Arbeitsgericht erheben. Setzten Sie Ihrem vorherigen Arbeitgeber eine Frist von einer Woche und übersenden Sie möglichst einen Zeugnisentwurf als Textdatei per email, damit Ihr voriger Arbeitgeber sich nicht selbst (falsche) Gedanken und Mühen über Ihr Zeugnis machen muss. Wie Zeugnisse strukturiert und formuliert sind, ersehen Sie im separaten Kapitel hierzu. Erhalten Sie das Zeugnis, überprüfen Sie es auf Vollständigkeit und Richtigkeit. Sind Fehler oder Unvollständigkeiten enthalten oder ist das Zeugnis optisch nicht ansprechend, sollten Sie sofort eine Zeugnisberichtigungsklage vor dem Arbeitsgericht erheben. Erhalten Sie gar kein Zeugnis, erheben Sie eine Klage auf Zeugniserteilung. Zuständig ist immer das Arbeitsgericht, in dessen Bezirk der Arbeitgeber seinen Sitz hat. Hierfür können Sie sich einen Anwalt oder – wenn Sie Mitglied in der Gewerkschaft sind – einen Gewerkschaftssekretär nehmen. Ihre Kosten hierfür müssen Sie in der ersten Instanz jedoch selbst zahlen. Trotzdem lohnt sich immer eine Zeugnisberichtigungs- bzw. -erteilungsklage, da Gerichte für solche unnötigen Streitigkeiten kein Verständnis haben und Sie vor Gericht deshalb immer ein (besseres) Zeugnis erhalten werden.

○ Bei einer außerordentlich **fristlosen Kündigung** sollten Sie immer Klage erheben, da diese Kündigungen in der Praxis vor Gericht oft in eine ordentliche Kündigung umgedeutet werden, weil Arbeitgeber hierbei oft Fehler machen, die sofort zur Unwirksamkeit der fristlosen Kündigung führen. Hierfür haben Sie drei Wochen ab Zugang der schriftlichen Kündigung bei Ihnen Zeit. Erfolgt die Umdeutung der fristlosen in eine ordentliche Kündigung (also mit Kündigungsfrist), ist es formal eine normale Beendigung, gleichgültig aus welchem Grund. Problematisch an einer außerordentlich fristlosen Kündigung ist nämlich, dass es kein rundes Beendigungsdatum des Arbeitsverhältnisses gibt. Hierdurch ist jedem einigermaßen arbeitsrechtlich geschulten Arbeitgeber klar, dass Ihnen fristlos gekündigt wurde. Das ist eher bei Straftaten oder schweren Problemen im Arbeitsverhältnis der Fall und solche Arbeitnehmer will kein Arbeitgeber berechtigterweise einstellen. Klagen Sie deshalb gegen eine außerordentlich fristlose Kündigung mit dem Ziel der Umdeutung in einen ordentliche Kündigung, die Ihr Arbeitsverhältnis zu einem runden Datum – 15. oder Monatsletzten – beendet.

Können Sie aus welchen Gründen auch immer gegen eine fristlose Kündigung nicht mehr vorgehen, ist es für einen Arbeitgeber klar, dass ein intensiver Grund zur Beendigung führte. Aus dem Grund könnten Sie versuchen zu erklären, weshalb Ihnen fristlos gekündigt wurde. Aufgrund des Bewerberüberhangs wird man Ihnen aber selten zuhören. Deshalb könnten Sie überlegen, ob Sie das Arbeitsverhältnis, das durch die fristlose Kündigung beendet wurde, komplett aus Ihrem Lebenslauf herausnehmen und beschreiben, Sie seien während dieser Zeit selbstständig oder im Ausland gewesen, haben Ihre Kinder großgezogen oder Elternzeit in Anspruch genommen. Möglicherweise haben Sie auch selbstständige Freunde oder Verwandte, die angeben könnten, Sie seien bei diesen noch beschäftigt. Längere Krankheit, angebliche Arbeitslosigkeit, etc. sollten Sie nicht beschreiben, da dies anrüchig ist und Sie deshalb nicht die erste Wahl auf dem Arbeitsmarkt sind.

○ Haben Sie selbst Ihre vorhergehende **Stelle gekündigt ohne eine Anschlussbeschäftigung** zu haben, könnten Sie dies mit Ihrer Unterforderung durch die vorherige Stelle begründen. Sie brauchten einen richtigen Schlusspunkt, ab dem Sie neu und mit frischer Energie bei einem anderen Arbeitgeber durchstarten können. An diesem Punkt sind Sie jetzt und Sie halten den Arbeitgeber, bei dem Sie sich jetzt bewerben, für so attraktiv, dass Sie sich dort voll und ganz einbringen ohne unter- oder überfordert zu sein. Sie sind der Richtige für das richtige Unternehmen und beweisen dies, definitiv!

○ Sind Sie bei einem Vorarbeitgeber **in der Probezeit ausgeschieden**, die laut Gesetz maximal sechs Monate dauern darf, ist dies schon aufgrund Ihrer zeitlichen Angaben im Lebenslauf sowie in Ihrem Zeugnis für einen Arbeitgeber, bei dem Sie sich bewerben, offensichtlich. Mittlerweile ist eine Vertragsbeendigung in der Probezeit nicht mehr derart dramatisch, wie noch vor 10 Jahren. Es stellt sich nur die Frage, ob sich der Arbeitgeber, bei dem Sie sich bewerben, die Mühe macht zu hinterfragen, weshalb Sie in der Probezeit ausschieden: Weil Sie von Ihrem Chef sexuell belästigt wurden, das Unternehmen pleite ging oder weil sie permanent ungepflegt und zu spät am Arbeitsplatz erschienen sind? Da sich aufgrund des oben beschriebenen massiven Bewerberüberhangs realistischerweise kaum ein Arbeitgeber die Mühe macht dies zu hinterfragen, sollten Sie überlegen, ob Sie das Arbeitsverhältnis, das während der Probezeit beendet wurde, überhaupt in Ihren Lebenslauf aufnehmen. Je kürzer die Probezeit war, desto mehr spricht dafür dieses (Probezeit-)Arbeitsverhältnis gar nicht in den Lebenslauf aufzunehmen. Der Vorteil hierbei liegt darin, dass niemand erfährt, dass Sie in der Probezeit das vorhergehende Unternehmen verlassen haben, Sie fallen somit nicht auf und müssen sich nicht rechtfertigen – auf der anderen Seite müssen Sie natürlich erklären, was Sie in der Zwischenzeit gemacht haben. Hierzu gilt dasselbe, wie für andere **zeitliche Lücken von mehr als einem Monat**, da Sie ansonsten negativ auffallen, was grundsätzlich zur Ablehnung Ihrer Bewerbung führt: Füllen Sie diese Zeit mit Aktivitäten, die möglichst mit Ihrem Beruf zu tun haben, z. B. weitere Aus- & Fortbildungen, berufsbedingte Auslandsaufenthalte, die von inländischen Arbeitgebern eigentlich nie nachgeprüft werden (können) und gut aussehen im Lebenslauf. Vermeiden sollten Sie **rein private Auslandsauslandsaufenthalte**, speziell wenn diese in schönen Gebieten stattfanden oder mehr als (angeblich) einen Monat gedauert haben. Sie schaffen hierbei nur Neid und jeder Personalverantwortliche möchte so eine Reise/Auszeit auch einmal machen. Da er aber nicht den Mut dazu hat und die Stimmung bei Arbeitgebern sowie Personalverantwortlichen kennt, wird er nie eine längere Reise/Auszeit unternehmen und Sie auch deshalb nicht einstellen, es sei denn der Bedarf an Ihrer Arbeitsleistung ist aktuell sehr hoch und/oder Sie sind nachgewiesenermaßen sehr fähig.

Vielleicht haben Sie Ihre Kinder großgezogen oder Elternzeit in Anspruch genommen. Möglicherweise haben Sie auch selbstständige Freunde oder Verwandte, die selbstständig sind und angeben können, dass Sie bei diesen als ... in der Zeit von ... - ... gearbeitet haben. Wenn dies ein (offizielles) Arbeitsverhältnis war, erhalten Sie auch ein (offizielles) Arbeitszeugnis und können entsprechende (offizielle) Angaben in Ihrem Lebenslauf machen. Haben Sie keine Verwandten, etc., sollten Sie überlegen, ob Sie sich für einen überschaubaren Zeitraum nicht selbstständig machen, um zeitliche Lücken und Brüche in Ihrem Lebenslauf zu optimieren. Eine Selbstständigkeit ist extrem einfach zu gründen und notfalls auch extrem einfach sowie kurzfristig wieder beendbar. Sie sind hierbei auch grundsätzlich keiner Behörde, speziell dem Finanzamt, der Berufsgenossenschaft, dem Gewerbeamt o. ä. Rechenschaft schuldig, wenn keine oder nur Bagatellewinne erzielt wurde und Sie eben gemerkt haben es bringt nichts, bewerbe ich mich doch aus der aktuellen Selbstständigkeit als Arbeitnehmer. Nehmen Sie jedenfalls nicht etwaige Entschuldigungen oder Alltäglichkeiten in Ihren Lebenslauf auf, d. h. eine **Auszeit/Sabbat, kein Interesse, längerer Urlaub**, etc. Hierfür hat kein Arbeitgeber Verständnis oder ist neidisch, auch wenn dies in den Medien in Zeiten des unkontrolliert blinden, weltoffenen und angeblich toleranten Deutschlands vorgegaukelt wird – die Medien täuschen sich, berichten nicht über repräsentative Arbeitgeber, sondern nur solche, die positiv oder negativ auffallen und wollen auch nur ihre Zeitungen und Fernsehsendezeiten füllen. In der Praxis ist dies (noch) definitiv unrealistisch und Sie katapultieren sich ins Aus.

o **Behinderungen** – ob als **Schwerbehinderter**, einem Schwerbehinderten **Gleichgestellter oder sonst behindert –, Krankheiten, Rehabilitationen, Kuren**, etc. wirken normaler und könnten erklärt werden, aber auch hier: Welcher Arbeitgeber macht sich die Mühe Ihnen zuzuhören, wenn 100000000000 passende Bewerber warten? Außerdem verdeutlichen Sie hiermit, dass Sie gesundheitliche Probleme haben bzw. hatten. Ein durchschnittlicher Arbeitgeber wird Ihnen unterstellen, dass Sie auch weiterhin krank sein werden und deshalb unnötige Kosten und Ausfälle für ihn verursachen, so dass Sie allein deshalb sehr wahrscheinlich nicht eingestellt werden. Unabhängig hiervon sollten Sie wissen, dass ein Arbeitgeber beim Einstellungsgespräch ohnehin nicht nach Behinderungen fragen darf. Erst nach sechs Monate, d. h. eine Sekunde nach Überspringen der Probezeit, kann er Sie juristisch zulässigerweise fragen und Sie müssen ihm dann die Wahrheit sagen. Ähnliches gilt für Krankheiten: Nur wenn die Erkrankung konkrete Auswirkungen auf Ihre Arbeitserbringung oder die Arbeit an sich hat, darf Sie der Arbeitgeber im Rahmen des Einstellungsgesprächs fragen und Sie müssen die Wahrheit sagen. Das ist bei den meisten Krankheiten und Arbeitsstellen nicht der Fall, sondern nur sehr selten, z. B. bei einem Metzger, der an einer ansteckenden Hauterkrankung leidet, so dass Hygienevorschriften offensichtlich nicht durch diesen Mitarbeiter eingehalten werden können.

○   Befinden Sie ansonsten **während der Bewerbungsphase in in der Arbeitslosigkeit**, speziell durch Krankheit, Alkohol-/Drogentherapie, unglückliche Umstände, etc., sollten Sie dies ebenfalls möglichst kaschieren, ohne dass Sie bewußt lügen. Ggf. können Sie auch hier berufliche Aus- & Fortbildungen, freiberufliche Tätigkeit, berufsbedingte Auslandsaufenthalte mit Sprachkursen, interkultureller Praxis, Praktika oder sonstigen Jobs, (offizielle) Beschäftigungen bei Freunden, Verwandten, etc. oder eine eigene Selbstständigkeit beschreiben, s. o. Zwar sollten Sie möglichst irgendwelche Unterlagen für o. g. Zeiten vorlegen können, ist dies aber nicht möglich, können Sie diese nicht selbst erstellen.

Sind Sie aktuell arbeitslos, wählen Sie nicht den amerikanischen Lebenslauf, d. h. Sie fangen nicht mit der aktuellen Situation oben im Lebenslauf an und enden mit Ihrer Schulbildung, sondern genau umgekehrt. Auch funktional, d. h. nach Einsätzen oder Branchen können Sie – unabhängig von Ihrem zeitlichen Einsatz – vorgehen.

o Durch **Mutterschaft und Kindererziehung** bedingte Pausen können Sie grundsätzlich in Ihren Lebenslauf aufnehmen, speziell wenn Sie sich bei Arbeitgebern bewerben, bei denen dies häufig vorkommt, z. B. Kindergärten, Schulen, etc. Dies gilt grundsätzlich sowohl für weibliche, als auch männliche Bewerber, die vorübergehend aus vorgenanntem Grund planvoll und mit Zustimmung ihres Arbeitgebers ihre Arbeit unterbrachen. Aber auch hier: Überbewerten Sie vermeintlich sozial-vorbildliche Arbeitgeber und die Medienberichterstattung nicht.

 Beispiel: Lebenslauf

Persönliche Daten
Peter Meier
geb. 25.04.1978 in München
Ggf. Familienstand
Hauptstr. 5

FOTO

72

78889 Stuttgart
+49 (0)78/44 55 66
peter.meier@pm.de

Berufstätigkeit
Monat/Jahr – Monat/Jahr ... (Konkrete Berufsbezeichnung), ... (konkreter
Name & Anschrift des Ar-
beitgebers)

Studium/Ausbildung
Monat/Jahr – Monat/Jahr Universität/Ausbilder ...
(Ort)
Studien-/Fachrichtung ...,
Abschluss als ..., möglichst
Note .../

Ggf. Sonderdienste
Monat/Jahr – Monat/Jahr Bundeswehr/Zivildienst/frei-
williges soziales Jahr/ ...
als ... (Funktion), ggf. mit
(weiterer) Ausbildung als ...

Schulbildung
Monat/Jahr – Monat/Jahr Schule 2, Abschluss ...,
ggf. Note ...

Monat/Jahr – Monat/Jahr Schule 1

Ggf.
• **Zusatzqualifikationen** ... (Konkrete Bezeichnung),
... (erworben wann und wo)

• **Auslandsaufenthalt** Träger ... (Ort)
... (Funktion/Erfolge), ggf.
Note ...

• **EDV-Kenntnisse** Programm ..., Beherrschung ...

• **Sprachen** Sprache ..., Beherrschung
...

• **Praktische Erfahrungen**
Monat/Jahr – Monat/Jahr Träger ... (Ort), ... (Funkti-
on/Erfolge), ggf. Note ...

- **Führerschein**   Klasse …, seit … (Datum)
- **Praktika**
  Monat/Jahr – Monat/Jahr   Träger … (Ort), … (Funktion/Erfolge), ggf. Note …

Hobbies/Freizeitaktivitäten/
ehrenamtliche Tätigkeit/
Sonstiges   …

Ort, Datum   eigenhändige Unterschrift

bb) Anschreiben:

Wie beschrieben wird zuerst Ihr Lebenslauf im Detail betrachtet, erst danach Ihr Anschreiben.

- **Durch den Lebenslauf haben Sie Ihre Persönlichkeit** – eingeschlagener Berufsweg, Hobbies – **grob beschrieben** und möglichst eine Gradlinigkeit bzw. beruflichen Aufstieg illustrieren können.
- **Durch Ihre Zeugniskopien wird dies „bewiesen".**
- **Durch Ihr Anschreiben erfolgt die Pointierung**, d. h. der Arbeitgeber, bei dem Sie sich bewerben, wird bestmöglich und konkret auf die wichtigsten, Sie auszeichnenden Punkte, die speziell für die ausgeschriebene Stelle wesentlich sind, hingewiesen.

Mehr können Sie nicht machen und mehr ist auch nicht notwendig, es sei denn es herrscht kein wirklicher Bedarf bei dem Arbeitgeber oder Sie haben sehr viel Konkurrenz, so dass Sie sich bei anderen Arbeitgebern und in anderen geographischen Gebieten oder anderen beruflichen Zielen/ Schwerpunkten bewerben sollten.

Denken Sie daran: Bei formalen Fehlern/Unüblichkeiten haben Sie sofort verloren, haben Sie diese Hürde genommen, heben Sie sich von den anderen Bewerbern durch Ihren Inhalt, d. h. fachliche Stärke ab. Wirken Sie – durch Hobbies, Gemeinsamkeiten mit dem Personalverantwortlichen – von der Wellenlänge sympathisch, werden Sie zum Bewerbungsgespräch eingeladen. Machen Sie dort einen einigermaßen guten Eindruck, besteht echter Bedarf an Ihrer Arbeitskraft und haben Sie keine extreme Konkurrenz, werden Sie die Stelle erhalten.

Auch beim Anschreiben müssen Sie gewisse formale Gesichtspunkte einhalten:

- Angemessen und ausreichend ist für ein Anschreiben **eine Din A4 Seite**. Dass man immer nur 6 – 10 Sätze schreiben soll, ist Quatsch. Sicher sollten Sie den lesenden Personalverantwortlichen nicht langweilen und aufhalten; aber Sie sind jemand, Sie haben einiges zu bieten und Sie sind der/die Richtige. Also können und dürfen Sie das auch auf einer Din A4 Seite mit Absätzen mitteilen.

- Wählen Sie auch wie immer anstelle des linksbündigen Textformats eher den **Blocksatz**, da es eleganter aussieht, außer es entstehen zu große Zwischenräume zwischen den Wörtern, die unangenehm wirken.

- **Oben rechts** beginnen Sie mit Ihrem Wohnort und dem aktuellen Datum. Dieses sollte identisch mit dem Datum auf Ihrem Lebenslauf sein.
  Oben links nehmen Sie Ihren Vor- und Nachnamen, Ihre Adresse mit Straße und Ort, ggf. Ihre Telfonnummer sowie email-Adresse auf.

- Danach folgt die **Adresse des Arbeitgebers**, bei dem Sie sich bewerben, mit vollständiger Firmierung, d. h. Müller GmbH & Co KG, nicht einfach Müller, und Adresse mit Straße und Ort.

- Zwischen Ihrem Absender und dem Unternehmen als Empfänger liegen vier **Leerzeilen**, zwischen der unter dem Empfänger liegenden Betreffzeile „Bewerbung als …" sind zwei Leerzeilen. Zwischen dem Betreff und der Anrede befinden sich ebenfalls zwei Zeilen. Während des Textes sollten Sie mehrfach eine neue Zeile wählen und/oder einen neuen Absatz beginnen, um den Text aufzulockern, zu strukturieren und leichter lesbar zu machen. Am Ende Ihres Textes liegt eine Leerzeile zu der Grußformel „Mit freundlichen Grüßen" und darunter drei Leerzeilen in denen Sie unterschreiben.

- Soweit es möglich ist, stellen Sie sich auf den **Geschmack des Arbeitgebers** von der Gestaltung und dem Stil ein; d. h. seriöses Unternehmen, seriöse schlichte Bewerbung, möchtegern-cooles Werbeunternehmen, genauso das Anschreiben. Tendenziell sollten Ihre Bewerbungsunterlagen zwar nicht langweilig-spießig sein, sondern schlicht und vor allem inhaltlich überzeugen, anstelle ausgefallen mit Fettdruck und bunten Herzchen.

- Als **Betreff** nehmen Sie „Bewerbung als ..." oder Bewerbung auf Ihre Anzeige vom ... in ..."

- Darunter kommt die **Anrede** mit „Sehr geehrte(r) ...". Versuchen Sie den konkreten Ansprechpartner namentlich herauszufinden und zu benennen, das ist persönlicher, wenn auch nicht immer möglich oder deutlich von Vorteil.

- Danach folgt der Inhalt Ihres **Anschreibentext**es.
  - Schreiben Sie möglichst nicht nach der Anrede „... nehme ich Bezug auf Ihr Inserat vom ... in ...", da es überflüssig ist und Arbeitgeber ja immer so wenig Zeit haben. **Versuchen Sie sich sowieso gerade beim Anschreiben in die Situation des Personalverantwortlichen zu versetzten**, würde er Sie aufgrund Ihres Anschreibens definitiv zum Bewerbungsgespräch einladen und einstellen?
  - Manche Bewerber formulieren deshalb nach der Anrede eine kleine Schleimerei, dass sie sich freuen, sich bei so einem erfolgreichen,

...- Branchenführer bewerben zu können. Teilweise nervt Personalverantwortliche dieser Textbaustein, da er meist gelogen ist, andere fühlen sich gebauchpinselt und freuen sich tatsächlich. Die Erfahrung hat gezeigt, dass Sie sich inhaltlich sachlich und knapp auf das Wesentliche konzentrieren sollten ohne zusätzlichen Schnickschnack, bei dem Sie den einen verärgern und den anderen ggf. ködern können.

○ Formulieren Sie die Sätze schlicht und etwas knackiger, d. h. **kürzere, klare Sätze, konkret und etwas knapper das Wesentliche beschreiben**; nicht langatmig, nicht inhaltsleer oder arrogant bzw. besonders vorsichtig. Folgende Adjektive werden in Bewerbungen gerne von Arbeitgebern gelesen: Aufgeschlossen, belastbar, konsequent, kommunikationsstark, zielstrebig, aktiv, interessengerecht, angemessen, zuverlässig, gewissenhaft, ergebnisorientiert, etc.

○ Folgen Sie diesem Aufbau in Ihrem Anschreiben:

▪ **Wer sind Sie?**
Dies geht aus Ihrem Absender hervor.

▪ **Weshalb sind Sie der Richtige?**
Weil Sie kompetent sind. Dies wird durch Ihren Lebenslauf illustriert und Ihre Zeugnisse „beweisen". Außerdem sind Sie von der Wellenlänge sympathisch:
Ihnen ist aufgrund Ihrer Qualifikationen, Fähigkeiten, Kenntnisse und Erfahrung in dem Bereich, in dem das Unternehmen die Stelle besetzen will bewußt, was der Arbeitgeber für einen Mitarbeiter benötigt.
Sie können das alles, sind von der Wellenlänge ein sympathischer Mensch, be-

reit Überstunden zu leisten und loyal. Möglichst verweisen Sie hinsichtlich der wesentlichen Punkte aus Arbeitgebersicht konkret auf die Sie besonders von Ihren Konkurrenten abhebenden Zusatzqualifikationen, Auslandsaufenthalte, EDV-Kenntnisse, Sprachen, praktische Erfahrungen, Führerscheine, Praktika, ohne auf den gesamten Lebenslauf zu verweisen. Dann sind Sie ganz weit vorne.

o Benutzen Sie **keine Zitate**.

o Machen Sie nach jedem Gedankengang eine neue Zeile und beim Wechsel von Ihrer Beschreibung, Ihren Qualifikationen und Ihrem Werdegang einen Absatz, also eine Leerzeile.

o Häufig verlangen Arbeitgeber einen **Eintrittstermin**, um zu sehen wann Sie frühestmöglich anfangen können. Schreiben Sie, dass Sie kurzfristig, d. h. innerhalb von wenigen Tagen anfangen können, deutet dies auf Ihre Arbeitslosigkeit oder Probleme mit Ihrem bisherigen Arbeitgeber hin. Erwähnen Sie direkt im Anschreiben und nicht erst konkret im Bewerbungsgespräch eine lange Kündigungsfrist von mehr als drei Monaten, vergraulen Sie den Arbeitgeber, bei dem Sie sich bewerben, da dieser möglichst schnell einen neuen Mitarbeiter einstellen will. Verweisen Sie deshalb auf die Einhaltung der „regulären" Kündigungsfrist, „soweit gewünscht ggf. früher", halten Sie sich aber mit der Nennung von konkreten Daten zurück und formulieren Sie abstrakt.

o Oft verlangen Arbeitgeber auch Ihren **Gehaltswunsch**, um bei billigen Bewerbern nicht zuviel zu zahlen und die teuren auszusieben. Entweder gehen Sie hierauf gar nicht ein und tragen das Risiko allein deshalb ausgesiebt zu werden, was aber bei guten Bewerbern selten, weil nicht intelligent, ist – aber solche Personalverantwortliche gibt es – oder Sie nennen einen konkreten Betrag, bei dem Sie sich entweder zu billig verkauft haben oder zu teuer und Sie allein deshalb abgelehnt werden. Auch das ist bei guten Bewerbern selten, weil nicht intelligent. Deshalb sollten Sie auf das persönliche Bewerbungsgespräch verweisen. Mittlerweile können Mitarbeiter aufgrund der vielen Bewerber bei einer Einstellung ohnehin nicht mehr viel herausverhandeln, es sei denn es herrscht hoher Bedarf oder Sie sind eine Spitzenkraft in einer Nische.

o Die **Vertraulichkeit** Ihrer Bewerbung ist zwar eine Selbstverständlichkeit, so dass Sie dies nicht besonders betonen müssen. Dennoch können Sie dies gerne tun. Ggf. beschreiben Sie Ihren aktuellen Arbeitgeber nur geographisch und/oder abstrakt von der Branche und benennen diesen nicht konkret, damit gerade im ländlichen Raum oder einer Nische nicht über Sie getratscht wird. Dies müssen Sie in Ihrem Einzelfall entscheiden.

• Am Ende Ihres Anschreibens oder als PS: … unter Ihrer Unterschrift können Sie ggf. noch eine **Kurzzusammenfassung** über maximal drei Zeilen einfügen, um weitere Aufmerksamkeit zu erzeugen, notwendig ist dies aber nicht. Sie könnten z. B. formulieren: „Ich bin freundlich, finde mich gut in komplexe Zusammenhänge zurecht, verfüge über … (Zahlenverständnis, gutes Namensgedächtnis, großes Organisationstalent, etc.) und bin sehr gewissenhaft und zuverlässig."

• Ihre **Unterschrift** sollte abermals mit blauem Filzstift und einigermaßen leserlich erfolgen. Zu große Unterschriften werden als sehr selbstbewußte Personen verstanden, die sich vom Chef nichts sagen lassen und sehr kleine Unterschriften sollen angeblich auf vorsichtige Mitarbeiter hindeuten. Unterschreiben Sie wie Sie möchten, empfehlenswert ist die goldene Mitte, da man im angeblich weltoffenen und toleranten Deutschland Nachteile hat, wenn man zu sehr auffällt.

• Das **Anschreiben** sollten Sie bei einer postalischen Bewerbung **lose auf die Bewerbungsmappe legen**.

 Beispiel: Anschreiben auf eine Anzeige (Anfänger)

X-Unternehmen GmbH & Co KG   München, Datum
Personalabteilung
Herrn Peter Müller
Hauptstr. 5

77779 Stuttgart

Bewerbung als ...
Ggf. Ihre Anzeige vom ... in ..., Anzeigen-Nr. ...

Sehr geehrter Herr Müller,

aktuell studiere ich ... mit dem Schwerpunkt ... an der Universität ... .
Meinen Abschluss als ... werde ich voraussichtlich am ... mit der Note ..., d. h. überdurchschnittlich, ablegen.

Durch
- die praxisorientierte Ausrichtung meines Studiengangs,
- meinen Schwerpunkt ... seit dem ... mit den Zwischennoten ... und ... sowie
- den von mir in den Semesterferien übernommenen Praktika bei ... in der Zeit von ... - ... mit der Note ...,

80

verfüge ich über sehr belastbare Qualifikationen in dem von Ihnen gesuchten Bereich …, speziell … .

Sehr gerne würde ich in Ihrem Unternehmen, …, tätig sein und ebenfalls meine verhandlungssicheren Englischkenntnisse in dem von Ihnen beschriebenen Auslandsniederlassungen in … erfolgreich im Interesse Ihres Unternehmens einbringen.

Der frühestmögliche Eintrittstermin sowie die Gehaltsvorstellungen sollten in einem persönlichen Gespräch, gerne auch vorab telefonisch, im Sinne aller angemessen erörtert werden.
Über eine Einladung zu Ihrem Vorstellungstermin freue ich mich sehr.

Mit freundlichen Grüßen

Unterschrift

Beispiel: Anschreiben auf eine Anzeige (Erfahrener)

X-Unternehmen GmbH & Co KG   München, Datum
Personalabteilung
Herrn Peter Müller
Hauptstr. 5

77779 Stuttgart

Bewerbung als …
Ggf. Ihre Anzeige vom … in …, Anzeigen-Nr. …

Sehr geehrter Herr Müller,

81

wie in unserem Telefonat am ... besprochen, übersende ich Ihnen meine Unterlagen, um Ihnen einen Eindruck meiner Kompetenz und Person zu vermitteln.

Ich bin gelernter Bankkaufmann, aktuell Kundenberater bei ... mit dem Schwerpunkt ... und betreue seit ... in ... .

Aufgrund meiner ausgeprägte Kunden- & Serviceorientierung konnte ich ab dem ... in der Abteilung die Leitungsfunkton ... übernehmen.
Dort betreue ich ..., habe Personalverantwortung für ... Mitarbeiter und verantworte ein Budget von ... € pro Jahr.

Da ich intern die Weiterbildung zum ... mit der Note ... absolvierte und extern die Kurse ... und ... am ... mit großem Erfolg bestanden habe, bin ich bereit für die verantwortungsvolle Tätigkeit als ... bei Ihnen.

Persönlich zeichne ich mich durch einen vertrauensvollen und ergebnisorientierten Arbeitsstil aus.
Meine pragmatischen Beratungen erfolgen sowohl auf Deutsch, als auch aufgrund meiner sehr guten Englischkenntnisse auf Englisch, so dass auch Ihr Auslandsgeschäft in ... eine große Motivation für mich ist.

Ich freue mich darauf, Sie persönlich kennenzulernen und verbleibe

mit freundlichen Grüßen

Unterschrift

cc) Formularbewerbungen im Internet:

Mittlerweile erfolgen viele Bewerbungen speziell bei großen Unternehmen über deren Internetseite anhand standardisierten Formularbewerbungen, bei denen Sie die einzelnen Textfelder von unveränderbaren Bewerbungsseiten ausfüllen müssen und meist am Schluss speziell Ihre Zeugnisse als Anlagen hochladen können.

Beachten Sie, dass diese Bewerbungsmasken von dem Arbeitgebern gezielt auf den Optimalbewerber programmiert sind und zunächst auch nur von Computern auf den bestimmten Bewerberoptimaltyp gefiltert werden. Sie haben deshalb weniger Möglichkeiten sich individuell zu bewerben und sich von anderen Bewerbern abzuheben. Um keine Möglichkeit auszulassen zu überzeugen und maßvoll aufzufallen, sollten Sie **so viele Felder ausfüllen wie möglich**, insbesondere eitle Arbeitgeberfragen, wie:

- Wie sind Sie auf uns aufmerksam geworden?
- Welche Kontakte hatten sie bereits zu uns?

Auch wenn diese Fragen unüblich oder irritierend und dumm wirken, **nehmen Sie alle Fragen ernst**, da Arbeitgeber hierdurch Ihre angeblich positive Verbindung zum Unternehmen und eine gewisse Kreativität sowie Glaubwürdigkeit überprüfen. **Zufällige Kenntnisnahme von der Stelle, dem Unternehmen**, etc. sind sofort sehr negativ. Sie sollten deshalb sachlicher beschreiben, wie z. B. Ihre Eltern, Verbraucher, die besonders hohe Ansprüche an ... haben o. ä. eine **besondere Beziehung** durch die Spitzenleistungen in der ...-branche durch besonders hochwertige/schnelle/flexible/... Dinge erzielt. **Loben Sie den Arbeitgeber** für die tollen Leistungen, ggf. auch dessen tolle Arbeitnehmer, und versuchen Sie eine leicht humorvolle Note hineinzubringen. Da Sie genauso toll sind, passen Sie gut zu dem Unternehmen.

Beschreiben Sie auch folgende wichtige Fragen:

- Wie sieht Ihr normaler Arbeitsalltag aus?
- Was können Sie besonders gut, was muss optimiert werden?
- Welche Arbeiten vermeiden Sie? Weshalb?

Hierdurch soll getestet werden, ob und wenn ja, wie gut Sie bestimmte Tätigkeiten, die der Arbeitgeber bei dem Sie sich bewerben verlangt, beherrschen. **Punkten Sie deshalb mit knappen Beschreibungen der wesentlichen Arbeiten und erwähnen Sie in jedem Fall Schlüsselbegriffe** der Branche, Computerprogramme, etc., so dass Sie als Experte gelten, der sofort auch bei dem neuen Arbeitgeber eingesetzt werden kann.

Seien Sie selbstbewußt bei dem, was Sie besonders gut können, beschreiben Sie dies knapp und **konzentrieren Sie sich nur auf das, was wesentlich für den Arbeitgeber ist!** Ein leichtes Eingeständnis, dass auch Sie noch gewisse Sachen optimieren müssen, verleiht Ihnen Ehrlichkeit und macht Sie von der Wellenlänge sympathisch.

Gleiches gilt für Arbeiten, die Sie vermeiden. Selbstverständlich vermeiden Sie nichts wesentliches, Sie drücken sich auch nicht vor der Arbeit und verweisen nicht auf Kollegen oder Ihnen untergeordnete. Seien Sie abermals proforma selbstkritisch und unterstreichen Sie Ihre Ehrlichkeit, indem Sie nur bei Kleinigkeiten – wenn überhaupt – nicht voll einsetzbar sind, aber auch darin sind Sie bereit dazuzulernen.

Diverse Punkte, wie Zusatzqualifikationen, (berufliche) Auslandsaufenthalte, EDV-Kenntnisse, Sprachen, praktische Erfahrungen, Führerscheine, Praktiker, etc., **die Sie möglichst von anderen Bewerbern positiv abheben, müssen Sie unbedingt hinsichtlich der wesentlichen Punkte unter Benennung der branchentypischen Begriffe, knapp eintragen.**

Wie bereits mitgeteilt, kommt **außerberufliches Engagement** in (Sport-)Vereinen, sozialen Gruppen, bei Führungskräften Vorträge, Veröffentlichungen, etc. gut an, da der Arbeitgeber hier Ihre angebliche Persönlichkeit einschätzen kann.

dd) Zeugnis inklusive problematische Formulierungen:
Jeder Arbeitnehmer hat in Deutschland ein Recht auf ein Zeugnis. Ist das Arbeitszeugnis unrichtig oder unvollständig,

sollten Sie zuerst von Ihrem bisherigen Arbeitgeber ein Zeugnis bzw. dessen konkrete Berichtigung fordern. Übersenden Sie diesem möglichst einen sehr konkreten Zeugnisentwurf als Textdatei per email, damit er diesen ohne eigene Anstrengungen nur noch ausdrucken und unterschreiben muss. Hierzu sollte Ihr Entwurf aber nicht extrem gut, sondern nur angemessen gut sein, da dies ansonsten Ihren bisherigen Arbeitgeber provozieren wird. Sollte dies nicht innerhalb von einer Woche ab Ihrer schriftlichen Aufforderung erfolgen, können Sie vor dem Arbeitsgericht in dessen Bezirk der Arbeitgeber sitzt von dem Sie das Zeugnis verlangen, eine **Klage auf Zeugniserteilung oder Zeugnisberichtigung** erheben. Beide Klagen werden Sie in den allermeisten Fällen gewinnen, da Sie nur beweisen müssen, dass Sie entweder gar kein Zeugnis erhalten haben oder dass das Arbeitszeugnis unvollständig oder falsch, weil zu schlecht ist. Für eine bessere Note als die Schulnote 3 sind Sie verpflichtet das zu beweisen, für eine schlechtere Ihr bisheriger Arbeitgeber. Beachten Sie aber, dass Sie maximal ein Jahr nach offizieller Beendigung des Arbeitsverhältnisses – d. h. Abmeldung bei der Sozialversicherung – haben, um Ihre Zeugnisansprüche einzuklagen.

Bei Zeugnissen unterscheidet man einfache und qualifizierte. **Einfache Arbeitszeugnisse** müssen nur dann durch einen Arbeitgeber erteilt werden, wenn ein Arbeitnehmer für unterwertige Tätigkeiten und vor allem einen sehr kurzen Zeitraum – ca. einen Monat – gearbeitet hat. Dagegen ist das **qualifizierte Zeugnis** der Normalfall, da man üblicherweise länger als einen Monat bei einem Arbeitgeber tätig ist. Sie erhalten Ihr **Endzeugnis** immer spätestens zum Zeitpunkt der rechtlichen Beendigung, d. h. am letzten Arbeitstag, da Sie hiernach von der Sozialversicherung abgemeldet werden. Mittlerweile selten geworden ist das **Zwischenzeugnis**. Dieses erhalten Sie, wenn Ihr Arbeitsverhältnis noch nicht endete, sich aber Ihre Arbeitstätigkeit, Ihre -konditionen oder Ihr Vorgesetzter ändern. In diesen Fällen tritt ein neuer Abschnitt in Ihrem Arbeitsverhältnis ein und der vorhergehende wird mit einem Zwischenzeugnis beendet.

Sicherlich können Sie auf ein End- oder Zwischenzeugnis verzichten, spätestens ein Jahr nach der rechtlichen Beendigung verlieren Sie aber jegliches Recht auf Ihr Zeugnis, mit dem Sie Ihre Laufbahn, Qualifikation, Erfahrungen, etc. beweisen können.

Ist man bereits beruflich tätig, bewirbt man sich aus einem noch bestehenden Arbeitsverhältnis. Das ist üblich und deshalb sind die Chancen deutlich höher eine neue Stelle zu erhalten. In diesem Fall bewirbt man sich mit dem letzten Arbeitszeugnis. War man zuvor noch nicht beruflich tätig und hat die Ausbildung gerade beendet, legt man das Ausbildungszeugnis vor – früher übersandte man dem Arbeitgeber, bei dem man sich bewarb, ein Zwischenzeugnis. Mittlerweile ist dies unüblich, da man dem bisherigen Arbeitgeber durch den Wunsch nach einem Zwischenzeugnis illustriert, dass man das Unternehmen verlassen will, was nicht immer gerne gesehen wird bzw. sich herumspricht. Aus diesem Grund können Sie sich ohne Sorge ohne ein Zwischenzeugnis bewerben.

Beachten Sie, dass der Arbeitgeber, bei dem Sie sich bewerben, trotz oder gerade weil Sie ein gutes Zeugnis haben, Ihren bisherigen Arbeitgeber kontaktiert, um Details über Sie zu erfahren. Dies geschieht eher in ländlichen Regionen, in denen man sich kennt oder in Nischenbranchen. In Ballungszentren und bei Bewerbungen für normale, durchschnittliche Arbeitnehmerstellen ist dies selten, aber nicht ausgeschlossen. Dies können Sie auch nicht unterbinden, im Zweifel erhalten Sie hiervon nicht einmal Kenntnis.

Zeugnisse sind grundsätzlich nicht länger als ein, maximal zwei Din A4-Seiten. Sie haben eine immer ähnliche **Struktur**:

- Ganz oben steht der Briefkopf des Arbeitgebers, wahlweise oben oder ganz unten mit Ort und Ausscheidensdatum.
- Zunächst wird das Unternehmen des Arbeitgebers beschrieben,

- danach erfolgt eine knappe Beschreibung von wann bis wann ein Arbeitnehmer in welcher Funktion für den Arbeitgeber arbeitete.
- Hiernach werden die wesentlichen Details hinsichtlich der Arbeitsgebiete beschrieben, d. h. was der Arbeitnehmer genau bearbeitete.
- Sodann erfolgt eine Beschreibung der Arbeitsweise, zuverlässig, pünktlich, schnell, etc.,
- gefolgt vom Sozialverhalten, d. h. wie sich der Arbeitnehmer im Verhältnis zu Vorgesetzten, Kollegen, Untergebenen, aber auch Kunden, Lieferanten, etc. als Mensch verhielt.
- Hieraus ergibt sich als Art Schlussfolgerung eine Gesamtnote, häufig wird danach der Grund für die Beendigung des Arbeitsverhältnisses angegeben, z. B. arbeitgeberseitige Rationalisierung oder arbeitnehmerseitiger Aufstieg bei einem anderen Unternehmen.
- Abschließend sollte der Dankes-, Bedauerns- und gute Wünscheschlusssatz kommen, der nur mit einem einfachen Punkt, aber keinem Ausrufungszeichen endet.
- Dies wird flankiert durch die Original-Unterschrift mindestens des jeweiligen Vorgesetzten, meist aber Personalverantwortlichen oder Chefs, sowie des Ortes und Ausscheidensdatums, ggf. mit Stempel.

 Beispiel: Einfaches Arbeitszeugnis mit guter Bewertung

Briefkopf des Unternehmens …

Herr … war von … bis … bei uns, der Müller GmbH, Hauptstr. 7 in 77779 Stuttgart, als Materialbote für Baustellen im Großraum Stuttgart befristet beschäftigt.

Zu seinen Aufgaben gehörte die Botentätigkeit hinsichtlich des ...-Materials nebst pünktlicher und unversehrter Übergabe an die Baustellenkolonne ... .

Herr ... verlässt uns zum planmäßigen Befristungsende. Wir bedauern sein Ausscheiden und wünschen ihm für die Zukunft alles Gute.

Ort, Ausscheidensdatum   Arbeitgeberunterschrift

 ### Beispiel: Qualifiziertes Arbeitszeugnis mit guter Bewertung

Briefkopf des Unternehmens ...

Wir sind ein ...-Unternehmen der ...-Branche mit ... Standorten in ganz Europa und beschäftigen ... Mitarbeiter. Unsere Hauptprodukte sind ..., die wir als weltweiter Marktführer selbst fertigen und vertreiben.

Frau ..., geb. am ... in ..., war von ... bis ... Abteilungsleiterin Controlling und besaß Führungsverantwortung für ... Mitarbeiter.

Sie war hier zuständig für ..., ... und ... und unterstand direkt der Geschäftsleitung in Deutschland.

Frau ... führte ein europaweites Controlling anhand der Vorgaben ... ein und konnte so für ... sorgen. Sie war stets zuverlässig und immer in hohem Maße belastbar. Auch schwierige Situationen erfasste sie jederzeit vollständig und zutreffend. Hervorzuheben ist ihre sehr zügige und korrekte Arbeitsweise.

Frau ... hatte zu sämtlichen Vorgesetzten, Kollegen und Kunden ein kooperatives, stets einwandfreies Verhältnis.

Sie hat Ihre Aufgaben stets zu unserer vollen Zufriedenheit erledigt.

Frau ... scheidet auf eigenen Wunsch aus unserem Unternehmen aus, um sich größeren Aufgaben zu widmen. Wir bedanken uns für die jederzeit gute Mitarbeit, bedauern ihr Ausscheiden und wünschen für ihre Zukunft alles Gute.

Ort, Datum   Arbeitgeberunterschrift

Über die Jahre hat sich eine Zeugnissprache etabliert, die für Laien nicht eindeutig ist. Unter Berücksichtigung des

Grundsatzes des wohlwollenden Zeugnisses und der Zeugniswahrheit sollten Sie folgende Formulierungen kennen, die in der Praxis ausgesprochen selten vorkommen. Ist dennoch eine dieser Klauseln in Ihrem Zeugnis enthalten, sollten Sie sofort auf Entfernung bzw. Korrektur durch Ihren Arbeitgeber drängen und dies notfalls gerichtlich mit einer Klage erzwingen:

- Er war wegen seiner Pünktlichkeit stets ein gutes Vorbild = kommt immer zu spät, inakzeptabel
- Durch seine Geselligkeit trug er zur Verbesserung des Betriebsklimas bei = neigt zu Alkoholgenuss bei der Arbeit
- Für die Belange seiner Mitarbeiter bewies er immer Einfühlungsvermögen = ständig auf der Suche nach Sexkontakten
- Für die Belange der Belegschaft bewies er/sie umfassendes Verständnis = homosexuell/lesbisch
- Er engagierte sich innerhalb und außerhalb des Betriebes für Interessen der Mitarbeiter = engagierte sich für Gewerkschaft
- Er befasste sich innerhalb und außerhalb des Betriebs für Interessen der Kollegen = Betriebsratsmitglied
- Mitarbeitern gegenüber war er ein stets verständnisvoller Vorgesetzter = ohne Autorität und Durchsetzungskraft
- Er besitzt eine umfangreiche Bildung und ist ein gesuchter Gesprächspartner = geschwätzig und lange Privatgespräche
- Er war ein umgänglicher Kollege = unbeliebt
- Er war ein umgänglicher, toleranter Kollege = Vorgesetzten schätzten ihn nicht, aber Kollegen
- Er hatte ein gutes Verhältnis zu Vorgesetzten und vermeidet stets Spannungen = Ja-Sager, buckelt bei Vorgesetzten

- Er war sehr tüchtig und wusste sich gut zu verkaufen = unangenehmer Mitarbeiter, der bei Vorgesetzten buckelt und Kollegen reinreitet
- Seine Ansichten waren stets festgefügt und er wusste diese immer gut zu verkaufen = sturer, streitsüchtiger Mitarbeiter
- Er war stets sehr beliebt bei Kunden = nicht durchsetzungsstark und machte schnell Zugeständnisse
- Er verfügt über Fachwissen und zeigt ein gesundes Selbstvertrauen = geringes Fachwissen und wird laut
- Er hatte Gelegenheit sich das notwendige Wissen anzueignen = nutzte dies aber nicht
- Er erledigte die Aufgaben in der ihm eigenen Art = war umständlich und ohne Effizienz
- Er erledigte die Aufgaben mit der ihm eigenen Sorgfalt = Chaot
- Er erledigte die Aufgaben im Rahmen seiner Fähigkeiten = verfügt über geringe Fähigkeiten
- Er erledigte alle Arbeiten mit großem Fleiß und Interesse = eifrig, aber unfähig
- Er erledigte die Aufgaben ordnungsgemäß = Bürokrat ohne Initiative
- Er delegierte Aufgaben mit vollem Erfolg = Drückeberger
- Er zeigte Verständnis für die anfallenden Arbeiten = Trottel und faul

Deutlich praxisrelevanter sind die **Notenstufen** im Rahmen der Arbeitsweise und zum Sozialverhalten sowie die Gesamtnote. Hierbei sollten Sie berücksichtigen, dass sich die Gesamtleistungsnote einerseits aus den vorhergehenden Notenstufen zur Arbeitsweise und zum Sozialverhalten ergibt, aber mit dieser auch nahezu harmonieren sollte. D. h. ist die Beschreibung der Arbeitsweise sowie dem Sozialverhalten eine Note 2+ und die Gesamtleistungsnote eine 3, ist dies kein gutes Zeugnis, trotz der recht vernünftigen Gesamtleistungsnote 3. Es sollte dann bei beiden Faktoren eine fast identische Note gegeben sein, also z. B. 2 und 2- oder 2, 2+ und als Gesamtnote 2. Die Noten richten sich nach dem Schulnotensystem, d. h. 1 = sehr gut, 3 = mittel und 6 = völlig ungeeignet. In der Praxis muss ein Arbeitnehmer im Rahmen einer Klage beweisen, dass er besser als 3 ist, dagegen ist der Arbeitgeber verpflichtet eine schlechtere Note als 3 nachzuweisen. Aufgrund des Grundsatzes des wohlwollenden Arbeitszeugnisses sind Noten mit 4 und schlechter in der Arbeitswelt nicht verbreitet, da ein Arbeitnehmer mit einer schlechteren Note als 3- kaum eine normale Arbeit findet. Gebräuchlich sind bei üblicher Leistung und einem vernünftigen Miteinander 2-, 2 und – bei wirklich schöner Leistung – 2+; eine 1-, 1 oder 1+ kommt teilweise vor, ist aber für Arbeitnehmer durchaus sehr von Nachteil, da neue Arbeitgeber oft nicht glauben, dass ein Bewerber wirklich exzellent ist. Aufgrund dessen verstehen Arbeitgeber diese Zeugnisse mit einer 1-, 1 oder 1+ als wegloben des bisherigen Arbeitgebers, der Ihnen angeblich ein Gefälligkeitszeugnis mit einer 1-, 1 oder 1+ erstellte, damit Sie aufgrund fachlicher oder – zumeist – persönlicher Probleme das Unternehmen des vorhergehenden Arbeitgebers verlassen. Deshalb sollten Sie bei immer auf die maximale Bestnote 2+ Wert legen, um nicht unnötig Probleme bei der Stellenwahl zu bekommen.

Bzgl. der Noten ist eine 1 immer durch die Beschreibung sehr gut o. ä. mit einer weiteren Verstärkung durch sehr, stets, immer, jederzeit oder völlig gekennzeichnet.

Eine 2 wird definiert durch die Beschreibung gut und abermals mit einer weiteren Verstärkung durch sehr, stets, immer, jederzeit oder völlig.

Erfolgt eine Beschreibung nur mit gut oder positiv, aber ohne Verstärkung, ist dies eine 3.

Alles darunter ist eine 4 oder schlechter und deshalb für Sie als Arbeitnehmer nicht akzeptabel, so dass Sie eine Korrektur notfalls per Klage vor dem Arbeitsgericht anstrengen sollten!

Hinsichtlich der **Arbeitsweise** gilt folgendes:

- Note 1:
  Er war stets sehr gut motiviert und verfügte über eine in jeder Hinsicht ausgezeichnete Arbeitsweise. Er arbeitete jederzeit absolut zuverlässig und zügig.

- Note 2: Er war stets gut motiviert und verfügt über eine immer ausgezeichnete Arbeitsbefähigung. Er arbeitete sehr zuverlässig und zügig.

- Note 3: Er war jederzeit motiviert und verfügt über eine gute Arbeitsbefähigung. Er arbeitete zuverlässig und zügig

Bei dem **Sozialverhalten** ist zu beachten:

- Verhaltensbeurteilung
  - Note 1:
    Sein Verhalten gegenüber Vorgesetzten, Kollegen und Kunden war stets vollkommen einwandfrei,
  - Note 2:
    … stets einwandfrei …
  - Note 3:
    … einwandfrei …
- Führungsverhalten
  - Note 1:
    Er war als Vorgesetzter immer voll anerkannt, konnte Mitarbeiter ausgezeichnet führen, optimal überzeugen und motivieren.
  - Note 2:
    … voll anerkannt …
  - Note 3:
    … anerkannt …

Bzgl. der **Gesamtleistungsnote** sollten Sie kennen:

- Note 1:

Er hat den übertragenen Aufgabenbereich <u>stets</u> zu unserer voll<u>sten</u> Zufriedenheit erfüllt *oder* unsere Erwartungen <u>in jeder Hinsicht und allerbester Weise</u> erfüllt.

- Note 2:
  Er hat den Aufgabenbereich <u>stets</u> zu unserer <u>vollen</u> Zufriedenheit erfüllt *oder* unsere Erwartungen <u>in jeder Hinsicht in bester Weise</u> erfüllt.

- Note 3:
  Er hat den Aufgabenbereich zu unserer <u>vollen</u> Zufriedenheit erfüllt *oder* unsere Erwartungen <u>in jeder Hinsicht erfüllt.</u>

- Note 4:
  Er hat den Aufgabenbereich zu unserer Zufriedenheit <u>erfüllt</u> *oder* unsere Erwartungen <u>erfüllt.</u>

- Note 5:
  Er hat den Aufgabenbereich <u>im Großen und Ganzen</u> zu unserer Zufriedenheit <u>erfüllt</u> *oder* die Erwartungen <u>im Großen und Ganzen erfüllt.</u>

- Note 6:
  Er hat sich <u>bemüht</u> die ihm übertragenen Aufgaben zu unserer Zufriedenheit zu erledigten *oder* er hat sich <u>bemüht</u> unsere Erwartungen <u>zu erfüllen.</u>

Hinsichtlich des **Grund**es **für die Beendigung des Arbeitsverhältnisses** haben sich diese Formulierungen eingebürgert:

- Außerordentlich fristlose Kündigung meist durch den Arbeitgeber, ganz selten durch den Arbeitnehmer:
  Das Arbeitsverhältnis wurde zum ... aus besonderen Gründen beendet. (Ungerades Datum im Text oder ganz oben im Briefkopf bzw. ganz unten bei der Unterschrift, d. h. nicht zum 15. oder Monatsletzten).

- Aufhebungsvertrag:
  Das Arbeitsverhältnis wurde im gegenseitigen Einvernehmen beendet.
- Beendigung durch den Arbeitgeber aus unvermeidbar finanziellen bzw. organisatorischen Gründen:
  Das Arbeitsverhältnis wurde (ggf. unter Beachtung der sozialen Auswahlkriterien) aufgrund Umstrukturierung beendet.
- Befristung:
  Das Arbeitsverhältnis wurde mit Ablauf der Befristung beendet.
- Bei sonstiger Beendigung, speziell durch Arbeitnehmerkündigung:
  Das Arbeitsverhältnis endete auf Wunsch von Herrn/Frau …, um sich größeren Aufgaben zu widmen.

Da Arbeitszeugnisse mittlerweile oft zu Konflikten zwischen Arbeitnehmern und Arbeitgebern führen und Arbeitgeber teilweise unbeabsichtigt nicht immer die richtige Formulierung wählen, sollten Sie bei für Sie bedeutsamen Zeugnissen einen Anwalt oder die Gewerkschaft kontaktieren.

d) Ihre Initiativbewerbung:
Initiativbewerbungen sind immer vorteilhaft. Sie zeigen dem Unternehmen, dass Sie nicht auf Ihre Chance warten, sondern selbst aktiv angemessen für Ihre Arbeitsstelle kämpfen. Das wird von vielen Unternehmen gerne gesehen, auch wenn manche Personalabteilungen mittlerweile permanent gegen eine Flut von Initiativbewerbungen ankämpfen müssen. Das betrifft aber eher sehr große (Welt-)Unternehmen, so dass Sie hier keine Vorteile eine Initiativbewerbung haben, bei kleinen und mittleren Unternehmen dagegen aber grundsätzlich schon, da sich keine weiteren Bewerber beworben haben und das ist Ihre Chance. Sie sind zur richtigen Zeit am richtigen Ort mit dem richtigen Profil und der

richtigen Bewerbung. Ggf. bringen Sie den Arbeitgeber durch Ihre Initiativbewerbung auch erst dazu eine bestimmte Stelle zu besetzen, weil die Notwendigkeit zwar immer da war, jetzt aber endlich jemand für die Aufgaben eingestellt werden muss. Seien Sie sich aber bewußt, dass mittlere und große Arbeitgeber mittlerweile nachdem sie den Entschluss zur Stellenbesetzung getroffen haben nicht nur Ihre (Initiativ-)Bewerung für ein Bewerbungsgespräch und folgende Einstellung ausreichen lassen. Bedauerlicherweise führen speziell mittlere und große Arbeitgeber Bewerbungsverfahren trotz Ihrer Vorabinitiativbewerbung durch, was ärgerlich ist, da Sie dann den bezweckten Vorteil durch Ihre Initiativbewerbung dann nicht mehr haben. Passt Ihre Bewerbung vom Profil, besteht aber gerade kein Bedarf an einer zusätzlichen Stelle, bewahren Arbeitgeber Initiativbewerbungen auch für spätere Besetzungen auf und melden sich nach einer gewissen Zeit bis zu ca. zwei Quartalen später. Das ist aber nur dann der Fall, wenn man Ihnen antwortete, dass derzeit zwar kein Bedarf vorliegt, das Unternehmen aber zu gegebener Zeit ggf. auf Ihre Bewerbung zurückkommt. Sollten Sie nach einem knappen Jahr nichts von Ihrer Initiativbewerbung gehört haben, wenn das Unternehmen diese aufgrund Ihres interessanten Profils aufbewahrte, können Sie davon ausgehen, dass sich er Arbeitgeber nicht mehr für irgendeine Besetzung bei Ihnen meldet. Von daher lohnt sich das Warten tendenziell nicht. Die Übersendung postalisch oder per email ist bei Initiativbewerbungen genauso zu beantworten, wie bei schriftlichen Bewerbungen.

Speziell bei einer Initiativbewerbung sollten Sie **vorher** mit demjenigen **telefonieren**, der für Ihre Bewerbung zuständig ist. Ihr Gesprächspartner wird sich zwar nur in kleineren Unternehmen an Sie und Ihren Bewerbungsanruf erinnern. Sie zeigen so aber Eigeninitiative, Selbstbewußtsein und, dass Sie keine Berührungsängste haben. Genau das wünschen sich – zumindest auf den ersten Blick vernünftige – Arbeitgeber. Zusätzlich können Sie aber vorab kurz und einfach ohne große Mühen kleinere Fragen zur Stelle stellen, z. B.

Einsatzort, Arbeitszeiten, Kollegen, Ausstattung, ggf. Bezahlung und so prüfen, ob die Stelle wirklich für Sie interessant ist. Ggf. lohnt sich eine Bewerbung für Sie gar nicht, da die Stelle unattraktiv für Sie ist. Möglicherweise erfahren Sie von Ihrem Gesprächspartner auch weitere Details, auf die das Unternehmen Wert legt, z. B. besondere Spezialkenntnisse, -fähigkeiten, -erfahrungen, etc. Wissen Sie, dass der Arbeitgeber hierauf besonderen Wert bei Bewerbern legt, sollten Sie Ihre Kenntnisse, Fähigkeiten und Erfahrungen in gerade diesem Bereich natürlich viel stärker hervorheben, damit Sie sich von anderen Bewerbern abheben. Wie auch bei anderen Bewerbungen: Haben Sie Bedenken, dass Sie nicht gut rüberkommen, sollte Sie dies gerade nicht davon abhalten anzurufen. Vielmehr sollten Sie einen solchen Anruf – der ja nur einen direkten Kontakt zu Führungspersonen im Unternehmen darstellt und deshalb oft im Berufsleben vorkommt – üben. Sie werden immer besser werden und immer bessere Ergebnisse erzielen, genauso wie beim Üben von Vorstellungsgesprächen. Setzen Sie sich an den Küchentisch oder vor den Spiegel und telefonieren Sie mit sich selbst bzw. bewerben Sie sich vor sich selbst – klingt dämlich, bringt aber extrem viel, unterschätzen Sie dies definitiv nicht! Also nur Mut und versuchen Sie es, Sie werden immer besser werden und es irgendwann schaffen! Auch für das Telefonat sollten Sie selbstverständlich vorher Ihre Bewerbung, also Ihre Werbung für Ihre Person, durchgegangen sein, um flüssig die wesentlichen für das Unternehmen wichtigen Punkte zu präsentieren, von der Wellenlänge recht sympathisch rüberzukommen und ggf. die für Sie wichtige Fragen zu stellen. Sie können zwischen gut fünf bis zu 20 Minuten für das Telefonat veranschlagen, je nach dem, wie interessant Sie für das Unternehmen sind und wie Ihr Gesprächspartner drauf ist.

Bei der Initiativbewerbung ist alles identisch, wie bei normalen Bewerbungen, d. h. alles oben Beschriebene sollten Sie beachten. Zusätzlich gilt aber folgendes:

- **Recherchieren Sie gründlich**, welches Unternehmen zu Ihnen und Ihren beruflichen Stärken, aber auch zu Ihrer privaten und finanziellen Situation paßt.

- Sie sollten **vor** Ihrer **Initiativbewerbung** direkt/**telefonisch** mit derjenigen Abteilung bzw. mit dem Gesprächspartner **Kontakt aufnehmen**, der für den konkreten Bereich zuständig ist, in dem Sie eingesetzt werden wollen. Dort sind Sie direkt an der Informationsquelle und erfahren am direktesten und am meisten aus erster Hand, wann wo wer für welchen Bereich gesucht wird. Auch wenn es Nerven kosten wird und nicht immer funktioniert, lassen Sie sich mindestens mit der Personalabteilung, möglichst mit dem Personalverantwortlichen oder – noch besser – direkt mit dem entsprechenden Abteilungsleiter Ihrer Wunschabteilung verbinden. Lassen Sie sich nicht beunruhigen, wenn Sie den Namen des zuständigen Mitarbeiters nicht in Erfahrung bringen können, ihn nicht ganz verstehen oder in Ihrer Initiativbewerbung falsch schreiben – sicher kann es besser laufen, aber davon hängt definitiv nicht Ihre Bewerbung bzw. Einstellung ab, wie in anderen Bewerbungsratgebern steht. Wurde Ihr Name noch nie falsch geschrieben, würden Sie sich dann so ärgern, dass Sie als Personalverantwortliche(r) denjenigen nicht einstellen oder sich nicht mit ihm befassen würden? Sicherlich nicht, jedenfalls nicht unter professionell arbeitenden Erwachsenen und Unternehmen, bei denen ein wirklicher Bedarf an Ihrer Arbeitsleistung besteht. Lassen Sie sich nicht von selbsternannten Bewerbungscoaches und Berater ohne Praxiserfahrung veräppeln. Vertrauen Sie mit gesundem Selbstbewußtsein und Ihrem logischen Menschenverstand.

- Ggf. sollten Sie Ihr **Anschreiben etwas kürzer halten** als bei einer normalen schriftlichen Bewerbung, wenn Sie mit dem Abteilungsleiter/Personalverantwortlichen vorab schon telefoniert haben und deshalb dem Arbeitgeber klar ist, wer Sie sind, was Sie im Groben können, etc. Hatten Sie keine Möglichkeit sich telefonisch bei Entscheidungsträgern vorzustellen und die Stimmung sowie den Bedarf zu testen, verfassen Sie einfach ein normales Anschreiben nach normalem Muster und versuchen einen Anlass für Ihre Initiativbewerbung zu wählen, z. B. eine positive Medienberichterstattung, die Einführung eines neuen Produktes, eine aktuelle Messe o. ä. Auch dies ist aber nicht wichtig, so dass es nicht von Nachteil ist, wenn Sie unbestellt anrufen bzw. sich bewerben.

 Beispiel: Anschreiben einer Initiativbewerbung (Ausbildung)

X-Unternehmen GmbH & Co KG   München, Datum
Personalabteilung
Herrn Peter Müller
Hauptstr. 5

77779 Stuttgart

Initiativbewerbung Ausbildung zum ...

Sehr geehrter Herr Müller,

aktuell bin ich in der 10. Klasse der ...-Realschule.
Am ... werde ich meinen Realschulabschluss mit der Fächerkombination ... mit der voraussichtlichen Note ..., also deutlich überdurchschnittlich erhalten.

98

Seitdem ich meinen Mopedführerschein gemacht habe, repariere ich es selbst und helfe auch meinen Freunden hierbei.

Da Ihr Unternehmen in … der Motorradhersteller für …-motorräder ist, und speziell durch … überzeugt, bin ich ein großer Fan Ihres Unternehmens.
Deshalb möchte ich sehr gerne meine Ausbildung als … in Ihrem Unternehmen beginnen und mich voll und ganz meiner technischen Leidenschaft für Motorräder in Ihrem Interesse einbringen.

Ich bin zuverlässig, lerne schnell und arbeite gewissenhaft – z. B. habe ich im Projekt Mechanik/… das jahrgangsbeste Ergebnis erzielt.
Gerne arbeite ich mit Kollegen zusammen und respektive Hierarchien, da alles seine Ordnung haben muss.
Auch unter Zeitdruck oder wenn mehr Arbeit anfällt, bin ich engagiert und verlässlich in Ihrem Interesse.

Melden Sie sich sehr gerne bei mir, wenn Sie einen wirklich guten Azubi suchen, vielen Dank!

Mit freundlichen Grüßen

Unterschrift

Beispiel: Anschreiben einer Initiativbewerbung (Führungskraft)

X-Unternehmen GmbH & Co KG   München, Datum
Personalabteilung
Herrn Peter Müller
Hauptstr. 5

77779 Stuttgart

Initiativbewerbung als ...

Sehr geehrter Herr Müller,

Ihr Unternehmen ist weltweit bekannt für ... .
Wie ich den Medien entnommen habe, wird eine Erweiterung im Bereich ..., Schwerpunkt ... für das Jahr ... in ... vorgenommen.

Bereits während meines ...-studiums in ... habe ich als studentischer Mitarbeiter des Instituts ... erste professionelle Erfahrungen im Bereich ... gesammelt, die ich bei einem deutschen ...-hersteller als ... anwenden konnte.
Konzeptionelle Infrastruktur als Führungskraft ... konnte ich bei der Neugründung des Unternehmens ... im Bereich ... aufbauen und die Abteilungen ... und ... mit einer Umsatzverantwortung von ... € pro Jahr verantworten.
Seitdem bin ich stellvertretender Betriebsleiter ... in ... .

Meine Schwerpunkte liegen in ..., nebst Spezialkenntnissen in ... .

Vor diesem Hintergrund strebe ich eine verantwortungsvolle Tätigkeit in einem ...-unternehmen als ... mit der Perspektive als ... an.

Persönlich zeichne ich mich durch Kommunikationsstärke, Ergebnisorientiertheit und Belastbarkeit aus, die ich u. a. in den Projekten ... immer wieder bewiesen haben.

Gerne stelle ich mich Ihnen persönlich vor.

Mit freundlichen Grüßen

Unterschrift

e) Bewerbungsgespräch inklusive problematische Fragen:

Haben Sie es bis ins Bewerbungsgespräch geschafft, sind Sie schon sehr weit gekommen, viel weiter als die meisten Ihrer Konkurrenten.

Denken Sie daran: Fachliches Können befähigt Sie für die Stelle; um sich von anderen Bewerbern abzuheben, sollten Sie versuchen eine ähnliche Wellenlänge und dadurch Sympathie bzw. Gemeinsamkeiten zwischen Ihnen und Ihren Gesprächspartnern auf Arbeitgeberseite herzustellen. Entwickelt sich dann eine Glaubwürdigkeit, so dass Sie ehrlich wirken entwickelt sich eine Art Vertrauen und dann werden Sie eingestellt.

Sie sollten vor jeder Bewerbung, aber auf jeden Fall vor einem Bewerbungsgespräch **Informationen über das Unternehmen heraussuchen**, um Ihren Gesprächspartnern zu verdeutlichen, dass Sie sich bewußt bei diesem Arbeitgeber beworben haben, da er toll ist. Dies schmeichelt dem Arbeitgeber etwas und illustriert, dass Sie sich wirklich engagieren; und das nicht nur, um die Stelle zu erhalten, sondern da Sie gerade bei diesem Arbeitgeber und bei keinem anderen arbeiten wollen. Sicher ist dies Schauspielerei und eitles Gequatsche, aber bis zu einem gewissen Grad ist jeder dafür empfänglich. Zu den Informationen gehört z. B. das Jahr der Gründung, der Name des Gründers, Chefs, die wesentlichen Produkte, mit denen das Unternehmen umgeht, aktuelle Entwicklungen über Zukäufe, Verkäufe, den Börsenkurs, etc. Nicht zuviel, sonst wirkt es besserwisserisch und auswendig gelernt, aber ab und verstehen zu geben, dass Sie sich informiert haben, schafft eine angenehmere Atmosphäre.

Beachten Sie, dass Bewerber teilweise keine schriftliche Einladung postalisch oder per email zum Bewerbungsgespräch erhalten, sondern einfach angerufen werden, wenn Sie Ihre Telefonnummer in Ihren Bewerbungsunterlagen angegeben haben. Sie sollten deshalb **erreichbar sein**, da Sie ansonsten riskieren nicht angerufen werden zu können, so dass allein dies bei einem großen Bewerberansturm dazu führen kann, dass Sie nicht weiter an dem Bewerbungsverfahren teilnehmen und die Stelle nicht bekommen. Im Rahmen des **arbeitgeberseitigen Anrufs**, kann Ihnen bei einfachen Stellen schlicht der Termin für das Bewerbungsgespräch genannt werden; bei höherwertigen Positionen kommt es zunächst zu einem kleinen Gesprächsaustausch, wie es Ihnen geht, was Sie gerade machen und wie Sie dazu kamen sich bei gerade diesem Arbeitgeber zu bewerben. Versuchen Sie sich im Vorfeld hierauf einzustellen. Arbeitgeber möchten einen sympathischen, freundlichen und engagierten Bewerber am Telefon kennenlernen, der sich flüssig und mit angemessenen Umgangsformen präsentiert. Also nicht unterbrechen, besonders laut oder leise sprechen, besserwisserisch oder arrogant sein. Spätestens gegen Ende des Telefonats, dass zwischen fünf bis 10 Minuten dauert und dazu dient zu testen, wie Sie sich verkaufen, wird Ihnen ein terminlicher Vorschlag zum persönlichen Bewerbungsgespräch gemacht. Diesen sollten Sie möglichst realisieren und nicht um Verlegung bitten, da dies unüblich und der Termin wichtig ist. Man verabschiedet sich als Bewerber freundlich, aber nicht unterwürfig und erhält dann postalisch oder per email eine Bestätigung des Termins für das besprochene Bewerbungsgespräch.

In den meisten Unternehmen ab 50 Mitarbeitern und speziell bei höherwertigen Stellen werden mehrere Bewerbungsgespräche geführt, d. h. es werden grundsätzlich mehrere Bewerber für unterschiedliche Bewerbungsgespräche eingeladen, getestet und dann kommt es häufig zu einem zweiten, ggf. sogar dritten, Bewerbungsgespräch. In allen Gesprächen werden Sie mit denselben Personen auf Arbeitgeberseite zu tun haben, mit jedem weiteren Bewerbungsgespräch wird mindestens ein weiterer Bewerber, der bereits wie Sie allein in einem Bewerbungsgespräch eingeladen wurde, aussortiert, bis nur noch zwei Bewerber übrig bleiben, von denen dann der letzte eingestellt wird. Je mehr Bewerbungsgespräche Sie also führen, desto eher sind Sie in der sehr engen Auswahl. Mittlerweile kommt es auch vor, dass in demselben Termin mehrere Bewerber eingeladen und gleichzeitig getestet werden.

Fahren Sie die Strecke zu dem Ort, an dem das Bewerbungsgespräch stattfindet – beim Arbeitgeber selbst oder in einem Hotel bei höherwertigen Positionen – vorher ab und **orientieren Sie sich** zumindest grob, wo das Gespräch stattfindet, wo Sie parken können, etc. damit Sie erkennen, wieviel Zeit Sie für den Weg. benötigen. Das schafft Ruhe und Zuversicht für das Bewerbungsgespräch.

Seien Sie 15 Minuten vor dem Bewerbungsgespräch vor Ort, wenn notwendig lassen Sie den Empfang bzw.das Sekretariat wissen, dass Sie da sind. Gehen Sie davon aus, dass man Sie und Ihr Verhalten bereits jetzt testet. Vertreiben Sie sich deshalb die Zeit nur mit herumliegender seriöser Literatur, gucken Sie aus dem Fenster oder gehen Sie noch zur Toilette, um die Optik zu richten oder nur die Zeit totzuschlagen.

Dann werden Sie vom Personalverantwortlichen oder einer Hilfsperson in den Bewerbungsraum geführt, der meist noch leer ist. **Setzen Sie Sich nicht ungebeten hin**, da dies unfreundlich wirkt und beginnen Sie sich auch nicht an den Getränken oder den Keksen zu bedienen, auch wenn sie Ihnen angeboten werden.

Irgendwann später erscheinen die Arbeitgebervertreter, meist mehrere, nämlich – in kleineren Unternehmen bis ca. 50 Personen – nur der Chef und in größeren Unternehmen meist der Personalverantwortliche und Ihr zukünftiger Vorgesetzter sowie ggf. Protokollanten. Lassen Sie sich nicht irritieren, wenn besonders viele oder sehr wenige Personen erscheinen. Hiermit wird Ihnen zwar bis zu einem gewissen Grad Ihre Wertigkeit vermittelt, aber im Ergebnis ist dies gleichgültig. Gleiches gilt, wenn die Arbeitgebervertreter (deutlich) später erscheinen. Machen Sie gute Miene zum bösen Spiel und seien Sie freundlich.

Meist werden Bewerber vom Personalverantwortlichen und dem Vorgesetzten des fachlichen Bereichs, in dem Sie eingesetzt werden sollen, im Bewerbungsgespräch getestet.

Hier kann eine **bewußt angenehme oder sogar bewußt feindselige Stimmung** herrschen, um aus Ihren Informationen herauszukitzeln bzw. Sie unter Stress zu setzen. Oft übernimmt einer der arbeitgeberseitigen Teilnehmer auch die Rolle des bösen und der andere die Rolle des netten Gesprächspartners. Ziel hierbei ist es allein Ihre Reaktionen zu testen; man will Sie unter angenehmen und unangenehmen Bedingungen prüfen, ob Sie unfreundlich, unsicher, etc. werden oder ruhig und selbstsicher Ihr vorher gut eingeübtes, glaubwürdiges Bewerbungsprogramm abspulen.

Sodann erfolgt die **Begrüßung**, bei der grundsätzlich alle stehen und sich die Hand geben, versuchen Sie zuerst dem Chef die Hand zu geben und dann den jeweils nächst höheren Mitarbeitern. Es kommt hierbei nur auf die Hierarchie an, dass Sie zunächst die Damen und dann die Herren begrüßen ist nicht üblich und oft auch zu kompliziert im Bewerbungsgespräch. Funktioniert dies aus welchen Gründen auch immer nicht, vergessen Sie es, wenn Sie gut sind spielt dies mit Sicherheit keine Rolle.

Erst dann nehmen alle gemeinsam Platz. Versuchen Sie sich bei freier **Platzwahl** entweder übers Eck oder gegenüber Ihren Gesprächspartnern zu setzen. Wird Ihnen ein Platz zugewiesen nehmen Sie diesen, es sei denn er ist unzumutbar, weil die Sonne blendet, der Stuhl defekt ist, etc.

Es erfolgt dann ein **kurzes Einleiten zum Warmwerden**, d. h. wie war Ihre Anfahrt, waren Sie schon einmal in dieser Stadt, etc. Antworten Sie locker und flüssig, beantworten Sie diese unwesentlichen Fragen relativ knapp, da Sie nur als Beginn des Gesprächs dienen und in der Sache uninteressant sind. Teilweise wird durch Ihre Gesprächspartner bereits jetzt kurz das Unternehmen beschrieben.

Hiernach geht **das eigentliche Bewerbungsgespräch** los. Seien Sie nicht zu zurückhaltend, etwas müssen Sie schon für die Stelle kämpfen und Sie sind kurz vor dem Ziel. Auf der anderen Seite sollten Sie Ihre Gesprächspartner nicht totreden, zu schnell sein, alles akzeptieren und alles toll finden. Verbreiten Sie ein gesundes Selbstvertrauen mit einer von der Wellenlänge sympathischen Note und Sie werden es schaffen, ansonsten ist es ein Idiotenarbeitgeber, bei dem Sie ohnehin nicht glücklich würden – hiervon gibt es mittlerweile aber leider immer mehr.

Zunächst werden Sie aufgefordert Ihre Ausbildung und Ihren beruflichen Werdegang zu beschreiben. Da dies bereits aus Ihren Bewerbungsunterlagen hervorgeht, präsentieren Sie nur die wesentlichen Stationen und mit entsprechenden Schwerpunkten, aber nicht ellenlang Ihre Schulzeit o. ä. Hierbei sollten Sie **immer einen Bezug zu dem Arbeitgeber des Bewerbungsgesprächs und der dortigen Stelle herstellen**, da Sie somit verdeutlichen können, dass Sie mindestens ähnliche Tätigkeiten bereits gut über einen repräsentativen Zeitraum geleistet haben und deshalb auch bei der Stelle, um die Sie sich bewerben, gut klarkommen werden.

Ihr **Redeanteil** sollte bei 70, der Ihrer Gesprächspartner bei 30 % liegen. Hierbei gibt es aber große Ausnahmen, manche Arbeitgeber möchten sich und Ihr Unternehmen darstellen und sind so verliebt in sich, dass Sie als Bewerber maßvoll um Redezeit kämpfen müssen. Stellen Sie sich deshalb auf Ihren Gesprächspartner und die Atmosphäre ein, will er quatschen, lassen Sie ihn, aber nur, wenn Sie sich trotzdem über die Zeit des Bewerbungsgesprächs noch ausreichend präsentieren können und ein positiver Eindruck beim Gesprächspartner bereits besteht bzw. Sie diesen vergrößern können.

Entschuldigen Sie sich nicht, wenn nach Defiziten bei Ihnen gesucht wird oder Sie bei manchen Punkten keinen überzeugenden Eindruck gemacht haben. **Rechtfertigen Sie sich nie**, da dies als Schwäche ausgelegt wird. **Bleiben Sie immer sachlich-professionell**, lassen Sie sich nicht durch bewußt unfreundliche oder sachlich falsche Aussagen aus der Ruhe bringen. **Versuchen Sie etwaige Defizite immer ins Positive zu drehen**, so dass dies gesichtswahrend ist. Versuchen sie auch von der Mimik/Gestik von der Wellenlänge sympathisch, aber kompetent und sachlich zu wirken, z. B. ein etwas festerer Händedruck bei der Begrüßung, häufig Blickkontakt, etc. Sie sind aber keine Marionette, die sich so verhalten muss, wie es Ihre Gesprächspartner verlangen, deshalb sollten Sie authentisch und Sie selbst bleiben. Sind die Gesprächspartner und/oder Anforderungen bzw. Arbeitskonditionen so unüblich unterdurchschnittlich, sollte in Ihrer Privatsphäre herumgeschnüffelt werden und auf Ihre freundlichen Hinweise keine Besserung eintreten, können Sie das **Gespräch abbrechen**. Sie sind nicht gekommen, um sich quälen zu lassen und es gibt noch andere Arbeitgeber, auch wenn Sie es ggf. schwer haben auf dem Arbeitsmarkt und unter der Knute der Agentur für Arbeit stehen. Lassen Sie sich nicht alles gefallen.

Unabhängig davon sollten auf gewisse Fragen im Bewerbungsgespräch vorbereitet sein, da sich diese immer in gewisser Weise wiederholen. Hierbei sollten Sie Ihre Rechte möglichst geschickt ausnutzen und die Präsentation Ihrer Person optimieren. Juristisch steht Ihnen als Notwehrrecht das Recht zur Lüge zu, d. h. Sie dürfen auf unzulässige Fragen bewußt lügen und Ihr Arbeitgeber kann Ihnen deshalb – pur juristisch – keine Nachteile bereiten, insbesondere keinen Schadensersatz fordern oder Ihnen kündigen. Dennoch: Sie fangen in der Probezeit an, während derer Ihnen aufgrund wertender Prognoseentscheidung des Arbeitgebers gekündigt werden kann. Er kann Sie im Endeffekt doch ohne Probleme entlassen, er muss einfach nur behaupten, keinen Bedarf mehr an Ihrer Arbeitskraft zu haben. Ob dies stimmt oder nicht, ist irrelevant. Trotzdem sollte Ihnen das Recht zur Lüge bekannt sein, da es Ihnen viel mehr Sicherheit und Selbstbewußtsein im Bewerbungsgespräch verleiht.

Folgende Fragen des Arbeitgebers sind in einem Bewerbungsverfahren und -gespräch immer unzulässig, so dass Sie darauf lügen dürfen, anstelle durch Schweigen oder ausweichende Antworten negativ aufzufallen und gerade deshalb nicht eingestellt zu werden:

- Sind Sie **schwanger** oder vergleichbare Fragen, wie: Wie sieht Ihre Familienplanung aus?
- Sind Sie pleite, in der **Privatinsolvenz,** laufen **Pfändungen** o. ä.?

- Sind Sie **(schwer-)behindert** oder einem Schwerbehinderten gleichgestellt?
  In den ersten sechs Monaten Ihrer Beschäftigung – was meist die Probezeit ist – ist diese Frage durch den Arbeitgeber immer unzulässig. Danach müssen Sie die Wahrheit angeben, dann haben Sie aber auch einen Sonderkündigungsschutz gemäß §§ 85ff SGB IX.
- Sind Sie **vorbestraft**?
  Auch diese Frage ist immer unzulässig, außer für die Ausübung der Arbeit ist das objektiv – nicht nach subjektiver Ansicht des Arbeitgebers – Voraussetzung, z. B. bei Geldboten, Bankmitarbeitern, etc. In letzterem Fall müssen Sie die Wahrheit sagen.
- Haben Sie ansteckende **Krankheiten**?
  Ebenfalls dies ist grundsätzlich unzulässig, außer die Stelle erfordert objektiv, z. B. aufgrund des Gesetzes bzgl. der Hygiene, ein Nichtvorliegen von ansteckenden Krankheiten (Metzger im Schlachthof).

Unabhängig davon werden in Bewerbungsgesprächen oft ähnliche Fragen gestellt, so dass Sie sich anhand nachfolgender, verkürzter Musterantworten hierauf vorbereiten sollten:

- **Weshalb haben Sie sich bei uns beworben?**
  Ihr Unternehmen ist sehr erfolgreich und hat ausgezeichnete Produkte/Dienstleistungen, etc. Außerdem entspricht die vom Unternehmen angebotene Stelle dem, was Sie sich beruflich vorstellen.
- **Kennen Sie unser Unternehmen unabhängig von Ihrer Bewerbung und der Stellenanzeige?**
  Bereiten Sie sich vor, indem Sie grobe Informationen über das Unternehmen sammeln und z. B. mit den wichtigsten Produkten/Dienstleistungen, dem Gründungsjahr, Namen des Gründers/Chefs, bei

größeren Unternehmen ggf. der positiven wirtschaftlichen Entwicklung punkten können.

- **Was zeichnet Sie aus, so dass wir Sie einstellen sollten?**
  Sie sind fachlich und persönlich der Richtige, Sie sind motiviert und leistungsstark, außerdem möchten Sie sich auch im Interesse des Unternehmens einbringen und neue Ziele erreichen.

- **Welchen Arbeitsstil haben Sie, arbeiten Sie lieber in einer Gruppe oder alleine, wie gehen Sie mit Problemen mit Kollegen, Vorgesetzten und Untergebenen um?**
  Es existieren grundsätzlich immer feste Ziele bzw. man muss gewisse Ergebnisse immer erreichen. Hierbei schätzen Sie eine kooperative Arbeit im Team. Da man aber nicht alles in Gruppenarbeit erarbeiten kann, muss man hierbei Vor- und Nachteile abwägen und selbst Verantwortung übernehmen bzw. delegieren.
  Probleme müssen offen angesprochen werden, damit diese gelöst werden können, so dass sie nicht erneut auftreten und Reibungen bzw. Energie kosten.

- **Wie sieht Ihr typischer Arbeitstag aus?**
  Sie haben feste Ziele, arbeiten teilweise im Team und übernehmen gerne Verantwortung.

- **Kennen Sie unsere Produkte, was halten Sie davon?**
  Sie haben einen überzeugenden Nutzen für den Anwender und es besteht ein guter Bekanntheitsgrad.

- **Wie finden Sie unsere Werbung?**
  Die aktuelle Werbekampagne bei größeren Unternehmen sollten Sie kennen, zumindest sollen Sie bei kleineren Unternehmen bzw. Arbeitgebern ohne Medienauftritt die Internetseite grob vor Augen haben und das Logo, respektive den Werbespruch,

beschreiben können und jeweils positiv bewerten. Dann können Sie diese je nach Branche und Selbstverständnis des Unternehmens beschreiben, z. B. besonders kreativ, hochwertig, saisonal gut passend, etc.

- **Kennen Sie unsere Konkurrenz?**
Hier sollten Sie sich knapp halten, selbst wenn Sie sich in der Branche und bei der Konkurrenz wirklich gut auskennen. Viele Arbeitgeber möchten die Wahrheit nicht wissen und schon gar nicht von einem fremden Bewerber.

- **Sind Sie wirklich so gut/schlecht, wie aus Ihren Zeugnissen, Teilnahmebescheinigungen, etc. hervorgeht?**
Bei guten Noten bejahen Sie dies, ohne arrogant zu sein, Begründungen bzw. selbstbewußte Rechtfertigungen geben Sie nur auf ausdrückliche Nachfrage und auch nur oberflächlich.
Bei schlechten Noten verweisen Sie auf Ihre praktische Erfahrung, dass Sie sich immer weiter gesteigert haben und sich bei diesem Arbeitgeber weiter steigern werden.

- **Was sind Ihre beruflichen Ziele, wo sehen Sie sich in drei – fünf Jahren?**
Da oft Ihr zukünftiger Vorgesetzte an dem Gespräch teilnimmt sollten Sie nicht sagen, dass Sie die nächst höhere Position übernehmen möchten. Im Klartext hieße dies, dass Sie ihn um seine Stelle bringen möchten! Auf der anderen Seite sollten Sie beschreiben, dass Sie sich durch Ihre große Motivation, die tollen Produkte des Unternehmens und Ihre tolle Leistung gerne im Interesse des Unternehmens sowie Ihrem eigenen Interesse weiterentwickeln möchten. Bleiben Sie abstrakt, aber zeigen Sie Motivation und Engagement.

- **Was haben Sie in Ihrem (Berufs-)Leben besonders gut gemacht?**

Im Berufsleben: Beschreiben Sie Erfolge, die Sie für bisherige Arbeitgeber möglichst in der jüngeren Vergangenheit erzielten, z. B. tollen Kunden gewonnen, besonders viel Umsatz gemacht, etc., die Sie aber nicht als rücksichtslosen Egoisten kennzeichnen, der jeden Kollegen und jeden Chef ausstechen will.

Im Leben allgemein: Sie haben einen tollen Partner gefunden und sich immer weiterentwickelt. Vermeiden Sie zu viele Ausführungen über Ihr Privatleben, da Arbeitgeber dann unterstellen, dass Sie hierauf sehr großen Wert legen und als Kehrseite kein engagierter Mitarbeiter sein könnten, d. h. keine Überstunden leisten, wenig produktiv sind, etc.

- **Wie unterscheiden Sie sich positiv von anderen Arbeitnehmern?**
  Sie erkennen schnell, was wichtig ist und können mit diesen Schwerpunkten effektiv im Sinne des Arbeitgebers sicher, zielgerichtet und langfristig arbeiten. Außerdem sind Sie belastbar, d. h. stressresistent und drücken sich nicht vor Überstunden.

- **Was beherrschen Sie nicht so gut oder gar nicht?**
  Vermeiden Sie unglaubwürdige Aussagen, dass Sie alles können oder aufgrund Ihrer Motivation ungeduldig sind und Schokolade nie widerstehen können, wie es viele Bewerbungsratgeber vorgeben. Gehen Sie in Details, die nicht so wichtig sind für diesen Arbeitgeber, so dass Sie zwar Schwächen haben und diese zugeben. Da diese aber unbedeutend sind, fallen sie nicht ins Gewicht.

- **Sind Sie mobil, wenn ja, wie?**
  Natürlich sind Sie mobil, bestenfalls haben Sie einen Führerschein und ein Auto, ansonsten können Sie auch größere Entfernungen überbrücken, notfalls mit öffentlichen Verkehrsmitteln oder Familie/Freunde. Ansonsten werden Sie sich sofort darum kümmern mobiler zu werden, z. B. indem

Sie vor kurzem bereits mit dem Autoführerschein begonnen haben.

- **Bei Führungspositionen: Weshalb sind Sie der ideale Vorgesetzte?**
  Bei Nichtführungspositionen: Was zeichnet für Sie einen idealen Vorgesetzten aus?
  Vorgesetzte müssen in der Sache kompetent und als Person glaubwürdig sein. Hierzu gehört eigene Motivation und die der Untergebenen, so dass sehr gute Ergebnisse erzielt werden können.

- **Wie motivieren Sie sich, was machen Sie in der Freizeit?**
  Sie kennen Ihre Stärken und gewisse kleine Schwächen und wissen aufgrund Ihrer privaten und beruflichen Karriere, worauf Sie sich verlassen können. Deshalb ist es ein neuer Reiz, wenn Sie eine weitere, größere und schwierigere Aufgabe bewältigen müssen. Achten sie auf Ihre Angaben unter Hobbies im Lebenslauf: Soziales Miteinander, (Ausdauer-)Sport in der Gruppe.

- **Was ist für Sie außerhalb der Arbeit wichtig?**
  Die Frage zielt auf Ihre Motivation und Ihre Bereitschaft zur Leistung von Überstunden. Sicherlich sollte alles im Gleichgewicht stehen, aber es gibt im beruflichen eben Situationen, da müssen Sie sich voll einbringen und das macht Ihnen auch Spaß, weil dann außerordentliche Ergebnisse erzielt werden.

- **Haben Sie Überlegungen angestellt, wie die Kindererziehung und Arbeit von Ihnen kombiniert werden kann?**
  Sie haben einen tollen Partner/Freunde/Eltern, mit dem/denen dies schon seit langem gut funktioniert, die Zeit vergeht auch schnell und Kinder sind dann groß. Notfalls können auch die Großeltern einspringen oder eine Tagesmutter. Sie haben das schon berücksichtigt und ausprobiert. Es funktioniert prima.

- **Wir können Ihnen nur ... € brutto pro Jahr zahlen, das reicht Ihnen oder?**
  Sie stellen sich eine Ihrer Leistung angemessene Vergütung vor. Der Branchendurchschnitt liegt laut Industrie- und Handelskammer im Jahr ... bei ... € brutto. Ich halte einen Korridor von ... bis ... € brutto pro Monat im Interesse aller für angebracht. Wir sollten hierbei eine gemeinsame Lösung finden.
  Rechnen Sie die Vergütung auf den Monat, damit die Beträge kleiner werden, Sie können auch eine leistungsbezogene Vergütung, d. h. ein garantiertes Einkommen und zusätzlich mit einer Prämie für die Erfüllung von – vorher gemeinsam definierten und realistischen – Zielen vorschlagen, einen Firmenwagen mit dem steuerlich geldwerten Vorteil hinein- oder herausrechnen. Versuchen Sie Flexibilität hineinzubringen, so dass nicht nur eine Vergütung pro Monat bzw. Jahr als transparente Größe gegeben ist. Denken Sie daran, dass Arbeitgeber immer nur brutto rechnen. Sie sollten deshalb im Internet über eine Suchmaschine Brutto-/Nettorechner eingeben und dort Ihr gewünschtes Nettoeinkommen pro Jahr oder Monat eingeben, so dass Sie mindestens grob wissen, wieviel dies Brutto für den Arbeitgeber ist. Wichtig ist hierbei, dass Sie in den Brutto-/Nettorechner Ihre privaten Verhältnisse (richtig) eintragen, d. h. allein oder verheiratet, Steuerklasse, Kinder, etc., da sich ansonsten durchaus höhere Differenzen beim Einkommen ergeben können.
- **Wann können Sie bei uns anfangen?**
  Sie haben die Stelle fast. Aber lassen Sie sich nicht ködern. Können Sie ohne Einhaltung der regulären Kündigungsfrist, die sich aus Ihrem Arbeitsvertrag, einem anwendbaren Tarifvertrag oder alternativ aus dem Gesetz, § 622 BGB, ergibt, vermuten Arbeitgeber, dass Sie sich aus unangenehmen Gründen möglichst schnell von Ihrem bisherigen Arbeit-

geber trennen wollen bzw. müssen oder ohnehin unter Strom stehen, z. B. aufgrund Arbeitslosigkeit, und deshalb schnell Geld benötigen. Aus diesem Grund sollten Sie formulieren, dass Sie schon Ihre individuelle Kündigungsfrist (von mindestens einem bis zu mehreren Monaten) einhalten müssten, aber sich bei Bedarf bei Ihrem aktuellen Arbeitgeber für ein früheres Ausscheiden und einen früheren Beginn bei diesem Arbeitgeber einsetzten. Alles nur bla, bla, bräuchte dieser Arbeitgeber Sie so dringend, hätte er die Stellenanzeige früher geschaltet oder schalten müssen.

Neben vorgenannten Fragen können unangenehme Situationen entstehen, wenn Sie bei folgenden Fragen auf dem falschen Fuß erwischt werden:

- **Sie sind unterqualifiziert, was wollen Sie bei uns?**
  Seien Sie selbstbewußt, Sie wären nicht eingeladen worden, wenn das Unternehmen nicht ernsthaft an Ihnen, Ihrer Qualifikation und Erfahrung interessiert wäre. Sie werden die Stelle schon schaffen, außerdem sind Sie ein Mensch der Praxis und lernen schnell. Drängen Sie sich aber nicht zu sehr auf, da dies als Schwäche verstanden werden könnte. Ggf. können Sie Zugeständnisse bei der Vergütung generell oder für die Zeit der Probezeit machen.
- **Sie sind überqualifiziert!**
  Auch hier bleiben Sie selbstbewußt, Sie wären auch hier nicht eingeladen worden, wenn Sie nicht interessant wären. Stellen Sie Ihre Qualitäten knapp dar und schlussfolgern Sie, dass das Unternehmen auch entsprechende Qualitäten hat und dann sollte man doch zusammenarbeiten. Geben Sie keine Defizite oder Probleme bei Ihrem aktuellen Arbeitgeber zu.
- **Sie sind zu alt!**

Beschreiben Sie speziell Ihre Branchenerfahrung und Ihr aktuelles Wissen. Was haben Ihnen denn jüngere Kollegen voraus, sind sie gesünder, belastbarer? Sie können das auch und spüren nichts vom Alter, außerdem treiben Sie Sport und sind in jeder Hinsicht aktiv im Leben. Oder verspürt der Personalverantwortliche sein Alter im Vergleich zu Jüngeren? Lassen Sie sich nicht provozieren, aber geben Sie maßvoll Paroli, Sie sind nicht irgendwer, sondern wurden nicht ohne Grund zum Bewerbungsgespräch eingeladen. Machen Sie keine Zugeständnisse, die würde Ihr Arbeitgeber auch nicht machen, auch nicht beim Gehalt.

- **Sie sind zu jung!**
  Immer das Gleiche: Sie wurden eingeladen und sind interessant. Sie sind alt genug und haben Ihre Leistung unter Beweis gestellt, verkaufen Sie sich selbstbewußt und nicht unter Wert, schon gar nicht bei der Vergütungsfrage.

- **Sie sind eine Frau, die fallen häufiger aus und sind nicht so belastbar!**
  Ob der Arbeitgeber Sie als Mann oder Frau einstellt, muss er selbst entscheiden. Rechtfertigen Sie sich nicht auf diese dreist-dämliche Frage. Sie fallen nicht aus und sind belastbar, fertig.

- **Sie widersprechen … (den neuen Vorgaben aus Amerika, dem Land der Unprofessionalität, die in Deutschland immer unreflektiert nachgeplappert wird, oder was für ein irrelevanter und bekloppter Grund auch immer)!**
  Der Arbeitgeber entscheidet über Ihre Einstellung, keine Rechtfertigungen, nicht mit so einem indisqutablen Quatsch befassen, sonst ist es der falsche Arbeitgeber.

- **Sie haben Ihre Ausbildung/Ihr Studium abgebrochen/gewechselt, weshalb?**
  Sie sollten beschreiben, dass der Abbruch/Wechsel Sie insgesamt vorwärts gebracht hat. Das kann

entweder durch gestiegene Reife oder Neustart im richtigen Bereich liegen, versuchen Sie glaubwürdig zu wirken und sich dennoch nicht in die Karten gucken zu lassen. Nicht rechtfertigen, aber auch nicht rechthaberisch sein.

- **Warum haben Sie so häufig die Stelle gewechselt?**

Bei bestehender Gradlinigkeit Ihres Lebenslaufs sollten Sie dies mit nur eingeschränkten Entwicklungsmöglichkeiten in dem Unternehmen beschreiben, welches Sie verlassen haben. Achten Sie hierbei darauf nicht zu karrieresüchtig und egoistisch zu wirken, sondern beschreiben Sie es als Fluß von Leistung und Entwicklungsmöglichkeiten.

Sollte Ihr Lebenslauf nicht gradlinig sein, können Sie es damit begründen, dass Sie eine gewisse Zeit Ihr Potenzial ausgelotet haben. Mittlerweile legen Sie Wert auf Beständigkeit und beabsichtigen längerfristig, d. h. mehr als drei Jahre, bei dem Unternehmen zu bleiben, mit dem Sie sich im Bewerbungsgespräch sind.

- **Werden Sie sich noch einmal beruflich umorientieren?**

Im Klartext: Wie lange bleiben Sie bei dem Unternehmen, lohnt es sich Sie überhaupt einzustellen oder sind Sie übermorgen bei der nächstbesten Gelegenheit wieder weg? Also: Nein, Sie planen mindestens längerfristig, d. h. mehr als drei Jahre, bei dem Unternehmen zu bleiben und möchten sich voll für dieses Unternehmen einbringen und ggf. weiterentwickeln.

- **Was hat Ihnen an Ihrem letzten, jetzigen, ... Chef nicht gefallen?**

Lästern Sie über Ihren letzten/jetzigen/... Chef, werden Sie auch über Ihren zukünftigen Chef lästern, so denken Arbeitgeber und da ist sogar etwas dran. Wenn überhaupt nur Kleinigkeiten offensichtlich als Scherz beschreiben, wie z. B. Autoparken genau auf zwei Parkflächen, Klimaanlage zu kalt einstellen o. ä. Das Verhältnis zwischen Ihnen war entspannt, gut und vertrauensvoll.

- **Was tun Sie, wenn Sie sich von Ihrem Vorgesetzten ungerecht behandelt fühlen?**
Sie überlegen objektiv und in Ruhe, ob Ihr Vorgesetzter Recht hat, was dafür und dagegen spricht. Wenn Sie sich im Recht sehen, sprechen Sie ihn kurzfristig an, wie man die Thematik im Interesse aller möglichst lösen kann.

- **Halten Sie einen Betriebsrat als Interessenvertretung aller Arbeitnehmer im Betrieb und Kontrahent des Arbeitgebers für sinnvoll?**
Wie stehen Sie zum Mindestlohn, Leiharbeit, ...?
Halten Sie sich zurück, Sie fangen nicht als Chef an. Präsentieren Sie kurz für und wider, z. B. auch für den Arbeitgeber ist es ggf. von Vorteil nur mit dem Betriebsrat und nicht mit jedem einzelnen von 1000000000 Arbeitnehmern zu sprechen, andererseits sollte ein Betriebsrat nicht nur die Interessen der Arbeitnehmer wahren, sondern auch die Interessen des Betriebs beachten, Verständnis für den Arbeitgeber haben, speziell in wirtschaftlicher Hinsicht und bei Unternehmensveränderungen.
Mindestlohn und Zeitarbeit sind gesetzlich geregelt bzw. haben sich über die Jahre eingespielt. Wie immer gibt es zeitweilige Spitzen, aber im Großen und Ganzen ist die gesetzliche Regelung in Ordnung, man muss eben immer die Interessen von Arbeitgebern und Arbeitnehmern gemeinsam berücksichtigen, das geht nur durch Kompromisse.

Sind Sie unüblicherweise ausgeschieden oder liegen sonstige auffällige Brüche vor, reagieren sie so:

- **Einzelne Zeugnisse fehlen oder sind schlecht, speziell das aktuellste:**

Durch Zeugnisse illustrieren Sie, dass Sie über einen Zeitraum wirklich bei dem von Ihnen im Lebenslauf angegebenen Arbeitgeber tätig waren, und wie gut oder wie schlecht. Deshalb sind Zeugnisse wichtig. Arbeitgeber möchten immer die aktuellsten Zeugnisse sehen, da diese am aussagefähigsten sind, was vor Jahren geschah ist fast gleichgültig. Deshalb sind aktuellere Zeugnisse immer wichtiger als solche, die ca. drei bis fünf, speziell mehr als fünf Jahre alt sind.

Sie haben als Arbeitnehmer ca. ein Jahr Zeit Ihr Arbeitszeugnis vom letzten Arbeitgeber einzufordern bzw. -klagen. Nach einem Jahr entfällt Ihr Anspruch und Sie erhalten das Zeugnis nicht mehr. Wenn nur das letzte, d. h. aktuellste Zeugnis fehlt oder schlechter als eine drei nach dem Schulnotensystem ist, ist dies nicht schlimm, da Sie sich auch ohne aktuellstes (End- bzw. Zwischen-)Zeugnis bewerben können. Dies ist heutzutage auch üblich, deshalb sollten Sie sich ohne Zwischenzeugnis bewerben, da Sie ansonsten Ihrem noch aktuellen Arbeitgeber vermitteln, dass Sie nach einer neuen Stelle suchen, was das Arbeitsverhältnis belasten kann.

Fehlen mehrere Zeugnisse oder sind unterdurchschnittlich schlecht, sollten Sie versuchen System in Ihre Unterlagen zu bekommen. Sind ältere Zeugnisse nicht auffindbar oder schlecht, reichen Sie nur die der möglichst aktuellsten Zeiten – dann aber vollständig, also in der richtigen zeitlichen Abfolge – ein. Sind (auch) Zeugnisse in der jüngeren Vergangenheit nicht da oder schlecht, kommt es auf den individuellen Fall an. Einen glaubhaften Grund für das Fehlen werden Sie nicht nennen können, schlechte Zeugnisse einzureichen macht erst recht keinen Sinn und verfälschen sollten Sie keine Zeugnisse, da dies streng juristisch als Urkundenfälschung und Betrug strafbar ist, auch wenn dies mit heutigen Drucker, Kopierern, etc. sehr einfach ist. Deshalb sollten Sie eher gar keine Zeugnisse einreichen, weder alte, noch aktuelle, die Ihnen nicht oder nur schlecht vorliegen. Dies ist zwar auffällig, aber Sie können den Lebenslauf regulär mit Inhalt füllen, ohne die Unwahrheit zu illustrieren und im Anschreiben könnten Sie am Ende schreiben: „Zeugnisse auf Anfrage", was zwar unüblich, aber nicht plump, sondern eher elegant ist. Werden Sie aufgefordert die Zeugnisse einzureichen, rufen Sie an und entschuldigen dies möglichst glaubwürdig oder verweisen auf den Termin des Bewerbungsgesprächs, zu dem Sie die Zeugnisse mitbringen. Zum Termin versuchen Sie die Angelegenheit zu überspielen und abzulenken, Sie haben Sie die Zeugnisse vergessen oder sagen die Wahrheit. Das müssen Sie persönlich – u. a. aufgrund der jeweiligen Situation, der Werthaltigkeit der Stelle und Ihrer Not einen neuen Arbeitgeber zu finden – selbst entscheiden.

Unabhängig davon sollten Sie definitiv eine Zeugnisklage auf nachträgliche Erteilung, wenn o. g. Jahr noch nicht abgelaufen ist, oder eine Klage auf Zeugnisberichtigung binnen o. g. Jahres erheben, zur Not auf Staatskosten mittels Prozesskostenhilfe (PKH), wenn Sie bedürftig sind, also wirklich wenig Geld haben.

- **Probezeitkündigung oder außerordentlich fristlose Kündigung:**
Solche Beendigungen sind unüblich und schnell anhand der Daten in Ihren Zeugnissen zu überprüfen, speziell das unrunde Beeindigungsdatum. Deshalb lohnt hier ein Sprung nach vorn: Beschreiben Sie, dass Sie möglichst aus eigenen Gründen das Arbeitsverhältnis beendet haben bzw., wenn dies nicht aus dem Zeugnis hervorgeht, dass Sie vom Arbeitgeber sehr massiv vor die Tür gesetzt wurden oder das Unternehmen rationalisierte, so

dass neben Ihnen viele andere Mitarbeiter das Unternehmen verlassen mussten.

Bei einer außerordentlich fristlosen Kündigung sollten Sie entweder darstellen, dass das Unternehmen sehr unsanft/massiv mit Arbeitnehmern umgeht oder Sie sowieso insbesondere aufgrund der Rationalisierung keine Zukunft mehr dort gesehen haben. Beides ist aber schwierig glaubwürdig rüberzubringen.

• **Eigene Kündigung oder durch den Arbeitgeber ohne eine neue Stelle zu haben:**
Auch hier sollten Sie einen Sprung nach vorne machen: Beschreiben Sie, dass Sie unterfordert waren und Sie Ihre Gedanken für Ihre weitere berufliche Entwicklung freibekommen mussten. Aufgrund Ihrer Qualifikation und Erfahrung gingen Sie davon aus, keinen Probleme bei der späteren Stellenwahl zu haben.

Zusätzlich können Sie auch Zeiten für Kinder- und/oder Familienzeit, ggf. (berufliche) Auslandsaktivitäten, (berufliche) Fortbildung, ehrenamtliche Tätigkeit, Pflege und Tod Angehöriger, eine ursprüngliche Selbstständigkeit, die sich im Ergebnis nicht dauerhaft realisieren ließ, etc. beschreiben.

• **Lange Suche nach einer Anstellung:**
Je nach Arbeitgeber, Ihrer Qualifikation und Dringlichkeit einer neuen Stelle müssen Sie testen, was am besten ankommt: Eine lange Urlaubsreise, Sabbatauszeit o. ä. wird von den meisten Arbeitgebern aus Gründen der Unüblichkeit und des Neids trotz anderweitiger Medienberichterstattung negativ beurteilt, es sei denn, Sie sind Berufsanfänger und haben vor der zeitlichen Auszeit Ihren Abschluss gemacht.

Sie hätten sich auch gerne einen früheren Eintritt gewünscht, aber durch (möglichst konkret anhand Ihrer eingereichten Zeugnisse) nachgewiesene beruflicher Fortbildungen, (möglichst konkret nachgewiesener) beruflicher Auslandsaktivitäten, Pflege oder Todesfall von Angehörigen sowie ggf. nicht dauerhaft realisierbarer Selbstständigkeit hat es sich verzögert.

- **Arbeitslosigkeit:**
Sie haben als Selbstständiger gearbeitet, haben sich möglichst in konkret nachzuweisenden Bereichen, die mit der jetzigen Bewerbung im Zusammenhang stehen, fortgebildet, Angehörige gepflegt, Kindererziehung oder Elternzeit in Anspruch genommen, ein Ehrenamt oder Aktivitäten im Ausland entfaltet.

- **Nach Jahren der Selbstständigkeit Wunsch nach einer Festanstellung:**
Geben Sie keine Defizite im Detail zu, ansonsten gelten Sie schnell als gescheitert und so einen Mitarbeiter will im feigen Deutschland niemand, noch nicht. Deshalb sollten Sie eher auf die zeitliche bzw. körperliche Belastung abstellen, die fehlende Verantwortung für Mitarbeiter und fehlende Bürokratie gegenüber Behörden, bei Rechnungen, etc. Irgendwie waren Sie doch nicht mit voller Seele ein Unternehmer. Außerdem haben Sie weit überwiegend mit wenigen Unternehmen zusammengearbeitet, so dass Sie fast bei denen angestellt waren. Ziehen Sie es ins humorvolle, wenn es geht, ohne dass Sie sich als Verlierer beschreiben, über den in Deutschland gerne schnell Häme gegossen wird.

- **Weiteres Vorgehen, wenn Sie die Stelle nicht bekommen:**
Sie sind qualifiziert, erfahren und motiviert, so dass Sie für den Arbeitsmarkt interessant sind. Der Arbeitgeber, bei dem Sie gerade das Bewerbungsgespräch führen, hat für Sie Präferenz, da das Unternehmen, die Produkte/Dienstleistungen/etc. toll sind und Sie sich mit dem Unternehmen sehr identifizieren können. Sollte es dennoch nicht zu einer Zusammenarbeit kommen, wäre das für alle Betei-

ligten bedauerlich, Sie werden sich weiterbewerben und auch einen guten Arbeitgeber finden. Schade wäre es aber schon.

Hiernach werden bei einigermaßen positivem Ablauf des Gesprächs **Details zur Stelle**, auf die Sie sich beworben haben, vom Unternehmen präsentiert, z. B. Verantwortung für die Bereiche ... und ..., Zusammenarbeit mit Herrn ..., etc. Dann wird unternehmensseitig übergeleitet auf die **Arbeitskonditionen**, d. h. primär Ihr voraussichtliches Bruttogehalt pro Jahr. Bereiten Sie sich hierauf vor, im Internet gibt es über Suchmaschinen einfach zu findende Brutto-/Nettorechner, anhand derer Sie sich orientieren sollten, wieviel Jahresbrutto als netto für Sie pro Jahr und pro Monat herauskommen. Zusätzlich werden bei höherwertigen Stellen weitere Gehaltsbestandteile erörtert, wie Firmenwagen, -computer, -handy, variable Vergütungsbestandteile, ggf. Urlaubsanspruch in Tagen, etc. Unternehmensseitig wird dies grundsätzlich präsentiert und nicht zwingend als feststehend dargestellt, d. h. je wertvoller Sie für das Unternehmen durch Ihre Qualifikation, Fähigkeiten, Erfahrungen, etc. sind, desto eher können Sie 10 bis 30 % von der angebotenen Bruttovergütung zusätzlich herausverhandeln, soweit der Bedarf gegeben ist und Sie keine massive Konkurrenz haben. Denken Sie daran, dass Arbeitgeber immer brutto rechnen und Mitarbeitereinkommen, wie vieles andere mehr, von der Steuer absetzen kann, so dass sich Ihre Gehaltssteigerung nicht in derselben Höhe negativ in den Bilanzen widerspiegelt. Sind Sie dagegen Anfänger, ein durchschnittlicher Arbeitnehmer, besonders angewiesen auf die Stelle, etc. sollten sie aufpassen, nicht zu hoch zu pokern, da jeder Arbeitgeber bei Gehaltsgesprächen anders reagiert. Bei Tarifgehältern ist ein Nachverhandeln eher unüblich.

Entweder hieran anschließend oder während dessen können Sie **Fragen stellen**, z. B. zu den Arbeitskonditionen. Vermeiden sollten Sie allerdings intensiver nach weiteren Aufstiegsmöglichkeiten, Beförderungen, Gehaltserhöhungen oder Urlaub zu fragen, da Sie erst einmal eingestellt werden müssen und nicht sofort nach den Sternen greifen dürfen. Ansonsten wirkt dies ungeschickt und maßlos. Im Übrigen sitzt meist Ihr zukünftiger Vorgesetzter mit am Tisch und dem wollen sie ja nicht direkt in Ihrem Einstellungsgespräch mitteilen, dass Sie ihn zügig ersetzten (wollen).

Schließlich ist irgendwann **alles besprochen** und der Arbeitgeber beendet das Gespräch, indem er Ihnen die Hand gibt und man sich verabschiedet, dass Sie vom Unternehmen hören oder man direkt im Termin bzw. per Post den schriftlichen Arbeitsvertrag zukommen lässt.

Bei höherwertigen Positionen kommt es nach Ende des Gesprächs häufig noch zu einem **gemeinsamen Essen**, das Sie definitiv nicht ausschlagen sollten. Hier wird erneut Ihr Umgang überprüft, d. h. können Sie mit Messer und Gabel umgehen, sind Sie kultiviert oder sprechen Sie nur über Fußball, Formel 1 und dreckige Witze; können Sie Gäste und Geschäftspartner angemessen ausführen und unterhalten oder kann man Sie nicht für Geschäftstreffen, Messen, Kontakt mit anderen Menschen, Kulturen, etc. einsetzen? Unterschätzen Sie dies nicht und lassen Sie sich nicht aus der Ruhe bringen, wenn Sie während des Essens kritisch beobachten werden, wie Sie essen, permanent dazu verleitet werden kurzfristig, möglichst mit vollem Mund, zu antworten o. ä. Trinken Sie möglichst kein exotisches Getränk oder Alkohol, um nicht ausfallend zu werden und einen weiterhin guten Eindruck zu machen; trinken Sie jedenfalls nicht zuviel und nicht zu schnell Wein, etc., wenn alle anderen (bewußt) Alkohol trinken. Es ist und bleibt alles ein Test! Oft wird Ihnen einfach das Gericht gebraucht, was die anderen ebenfalls essen, Sie haben also keinen Einfluss auf das Essen, ansonsten wählen Sie auch hier vielleicht nicht dasselbe, wie die anderen, aber nichts deutlich billigeres, teureres, deutlich mehr, weniger oder etwas sehr exotisches, da dies nicht gerne gesehen wird. Gehe Sie während des gemeinsamen Essens möglichst nicht zu Toilette, da diese Pause durch die anderen genutzt wird, um über Sie zu sprechen. Kommen Sie danach zurück, kann Ihnen eine andere

Stimmung entgegenschlagen. Bedanken Sie sich nach dem Essen für die Einladung zum Bewerbungsgespräch, wie ebenfalls zum Essen und verabschieden Sie sich erst, wenn sich Ihre Gesprächspartner von Ihnen verabschieden, erst dann ist der Termin beendet, nicht vorher.

Selten kommt es zu einem **Abbruch des Bewerbungsgesprächs**. Die Zeiten am Arbeitsmarkt haben sie aber gewaltig geändert und schlechte Vorbilder in Politik, Wirtschaft und Medien hinterlassen Spuren in Deutschland, dem Land der Anpasser. Lassen Sie sich durch einen harten Abbruch des Gesprächs nicht irritieren, auch wenn er unverhofft und schmerzlich sein kann. Bei so einem Unternehmen wären Sie ohnehin nicht glücklich geworden, deshalb lieber ein Ende mit Schrecken, als ein Schrecken ohne Ende. Vergessen Sie es und bewerben Sie sich einfach bei anderen Unternehmen weiter, Sie werden Ihren Weg machen und das Unternehmen und dessen Idioten werden auch irgendwann schlechte Zeiten erleben. Selbstverständlich können auch Sie das Bewerbungsgespräch abbrechen, wenn die Atmosphäre unangenehm ist oder die Arbeitskonditionen, speziell die Vergütung zu gering ist.

Berücksichtigen Sie, dass etwas nicht passend gemacht werden kann, wenn es nicht passt bzw. man Ihnen – aus welchen Gründen auch immer – keine Chance auf eine Einstellung geben will. Es gibt im angeblich weltoffenen und toleranten Deutschland dermaßen viele Chefs, Personalverantwortliche und sonstige, die keine Hobbies haben und deshalb andere Menschen schlecht behandeln, weil Sie Idioten sind, die ihre Macht ausleben wollen und leider ein viel zu starker Bewerberüberhang besteht.

f) Assessment-Center:

Assessment-Center sind aktuell nicht mehr so beliebt, wie vor einigen Jahren. Arbeitgeber haben mittlerweile den geringen Nutzen für die zu besetzenden Stellen erkannt, im

Übrigen sind Assessment-Center teuer, was Arbeitgeber zusätzlich schmerzt.

Im Rahmen von Assessment-Centern werden Bewerber entweder allein, häufig aber in Gruppen, getestet. Teilweise wird man zunächst auch allein und dann in einer Gruppe getestet. Die Tests sollen Ihr Allgemein-, ggf. Spezialwissen für die Position, auf die Sie sich beworben haben, feststellen, aber auch Ihre Persönlichkeit im weiteren Sinne beurteilen, so z. B. ob Sie lieber mit anderen Menschen zusammenarbeiten oder alleine, ob Sie kritikfähig sind oder einen Chef nicht immer akzeptieren, etc.

In der Praxis verbreitet ist das **Postkorb-Spiel**. Hierbei sollen Sie wichtige von unwichtigeren Themen unterscheiden. Zusätzlich wird von Ihnen verlangt zeitliche Fristen festsetzen, in denen die zuerst wichtigen Themen und danach die immer etwas unwichtigeren Themen abgearbeitet werden.

Zusätzlich können Sie aufgefordert werden innerhalb einer vorgegebenen Zeit, wenige Minuten bis zu einer Stunde, einen **Vortrag** oder eine **Präsentation mit oder ohne Computerpräsentation** zu übernehmen, **Verkaufsgespräche** alleine oder mit einem unternehmensseitig gestellten Partner o. ä. durchzuführen, etc.

Wird Ihnen in einer Stellenanzeige oder vor einem Vorstellungsgespräch mitgeteilt, dass ein Assessment-Center vorgesehen ist, können Sie die meisten Tests vorher anhand bestimmter Assessment-Center-Bücher oder Computerübungen gut vorbereiten und immer wieder üben, bis Sie diese beherrschen. Gucken Sie im Internet unter einer Suchmaschine unter Assessment-Center-Training nach und Sie werden diverse Bücher und Computerprogramme finden, z. B. www.alpha-test.de, www.cyquest.de, www.recrutainment.de, etc. Sie müssen hier ein Profil anlegen, indem Sie eine email-Adresse samt Passwort eingeben und das Kleingedruckte akzeptieren.

g) Bewerbungsphase beendet!
Stelle bekommen oder nicht?

Haben Sie sich beworben, wurden Sie zu einem Bewerbungsgespräch eingeladen oder gerade nicht, sollten Sie auf jeden Fall nachfragen, weshalb Sie nicht genommen wurden.

Sicherlich ist es nervend und traurig eine Ablehnung zu erhalten und sich dann noch mit den Gründen hierfür zu befassen – ab und zu erfahren Sie aber die tatsächlichen Gründe für die Ablehnung. Bei einem größeren Unternehmen werden sich wahrscheinlich sehr viele Bewerber bewerben und es ist teilweise Glückssache, welcher der fachlich einigermaßen besten Bewerber die Stelle erhält. Bei mittelgroßen und kleineren Arbeitgebern erfahren Sie dagegen durchaus, was für bzw. gegen Ihre Einstellung sprach. Hieraus können Sie für weitere Bewerbungen **Profit schlagen**, indem Sie diese (vermeintlichen) Mängel nicht wiederholen, sondern Ihre Bewerbungsunterlagen, Ihren Lebenslauf oder Ihre Qualifikationen in Ihrem Interesse positiv anpassen, um die nächste Stelle zu erhalten. Wichtig ist allerdings, dass Sie an die für Einstellungen direkt entscheidende Person herankommen und nicht durch unzuständige Sachbearbeiter, Sekretärinnen, etc. vertröstet werden. Dies ist nicht einfach, es kann Sie aber bei Ihrer nächsten Bewerbung einen entscheidenden Schritt weiterbringen, unterschätzen Sie dies nicht, kaum ein Bewerber ruft an und fragt nach den Gründen.

Bewerbungsverfahren dauern häufig länger und oft wird man nicht genommen. Deshalb sollten Sie auf jeden Fall sehr viel Ausdauer haben, seien Sie selbstbewußt, bewerben Sie sich immer wieder, versuchen Sie durchaus über immer wieder erfolgende Bewerbungen eine Art persönliche Beziehung zur Personalabteilung, zum Personalverantwortlichen bzw. Chef aufzubauen, so dass sich diese an Sie positiv erinnern.

Denken Sie daran, es liegt nicht an Ihnen, sondern an einem zu geringen Bedarf, einem subjektiven und oberflächlichen Personalverantwortlichen, wenn Sie nicht genommen wurden. Aber fragen Sie nach, was aus Sicht des potenziellen Arbeitgebers gegen Ihre Bewerbung sprach! Klar werden Sie teilweise nicht ernst genommen werden und unklare, feige, ausweichende Antworten erhalten, aber versuchen Sie – ohne negativ aufzufallen und zu nerven – etwaige Gründe für Ihre Ablehnung herauszufinden. Sollte Ihr Gesprächspartner keine wesentlichen Gründe für Ihre Ablehnung nennen können, sollten Sie hierauf ausdrücklich hinweisen und vorschlagen Sie bei einer weiteren Neubesetzung vorrangig zu besetzten, da gegen Sie ja gerade keine Gründe sprechen. Versuchen Sie hartnäckig zu sein, ohne zu nerven – es wird nicht oft funktionieren, wenn es aber funktioniert, haben Sie bei der nächsten Stellenbesetzung deutlich größere Chancen, unterschätzen Sie auch dies nicht!

Erst recht sollten Sie sich bei dem Arbeitgeber melden, wenn Sie innerhalb von zwei bis drei Wochen keine Antwort, nichtmals eine Eingangsbestätigung, erhalten haben.
Mittlerweile ist es fast üblich geworden keine Absage mehr zu bekommen. Bewerber warten wochenlang und machen sich falsche Vorstellungen oder zögern mit weiteren Bewerbungen.
Eine solch unprofessionelle und primitive Art Bewerber zu behandeln ist absolut inakzeptabel und extrem ärgerlich.
Aus diesem Grund sollten Sie sich nach Ihrer Ablehnung, die Sie in diesen Fällen nur telefonisch in Erfahrung bringen können – auch deshalb sollten Sie bei dem Arbeitgeber anrufen –, über den Personalverantwortlichen direkt bei dem Chef sachlich und knapp beschweren, möglichst aber nicht schriftlich mit Ihrem Originalnamen, da Sie hierdurch wiedererkennbar werden, auch bei anderen Arbeitgebern, z. B. in einem ländlichen Raum, und dann als Querulant gelten könnten.
Seien Sie selbstbewußt und lassen Sie sich nicht behandeln wie einen Idioten – Sie sind wer und das soll der Arbeitgeber wissen und respektieren!

Jost Scholl

So nicht!

Der Kündigungs- Ratgeber
- Vom Profi für die Praxis -

Mit Tipps, Beispielen & Mustern

stellt Ihnen bei einer bevorstehenden oder schon ausgesprochenen Kündigung alles Wesentliche leicht verständlich, komprimiert und in prägnanter Form dar.

Der Ratgeber enthält viele Beispiele, Musterschreiben, Chance-Risiko-Abwägungen und Vorschläge speziell zu folgenden Themen:

- betriebs-, krankheits-, verhaltensbedingte Kündigung, Probezeitkündigung, fristlose Kündigung, Verdachts-, Druck-, Droh-, leistungsbedingte Kündigung (low-performer)
- Aufhebungs-, Abwicklungsvertrag & gerichtlicher Vergleich, Sperrzeit bei Arbeitslosengeld I, Anrechnung von Abfindung, Arbeitsentgelt & Urlaubsabgeltung auf das Arbeitslosengeld I, Arbeitslosengeld II (Sozialhilfe)
- Praxis vor Gericht, Anwalt & Behörden, Wie gewinne ich? Wie finde ich einen guten Rechtsbeistand? Kosten, Rechtsschutzversicherung
- Sonderkündigungsschutz: Mutterschutz, Elternzeit, pflegende Arbeitnehmer, Schwerbehinderung/ Gleichstellung, Betriebs-/Personalratsmitglieder, Azubis & Sonstige
- Kündigungskompetenz, Fristen, Zeugnis, Betriebs-/Personalrats-, Sprecherausschuss-Anhörung
- Betriebs(teil)stilllegung, -übergang, Insolvenz, Betriebliches Wiedereingliederungsmanagement (BEM)

"Endlich ein Ratgeber, der juristisch auf hohem Niveau die Praxis erklärt und einfach zu verstehen ist." Klaus G., IT
"Ich lasse mir die Butter nicht vom Brot nehmen, sondern kämpfe für meine Rechte – Danke!" Petra S., Reinigungsfachkraft

Ein wichtiger Ratgeber für alle, die nichts zu verschenken haben und effektiv-professionell handeln wollen, damit Sie Ihrem Arbeitgeber deutlich selbstbewußter gegenübertreten können.

Der Autor ist langjährig als Jurist u. a. auf Bundesebene sowie im operativen Bereich für das Arbeitsrecht tätig.

Jost Scholl

So nicht!

Der Arbeitnehmer-Ratgeber
- Vom Profi für die Praxis -

Mit Tipps, Beispielen & Mustern

stellt Ihnen die wesentlichen schwierigen Situationen im Arbeitsleben leicht verständlich, komprimiert und in prägnanter Form dar.
Der Ratgeber enthält viele Beispiele, Musterschreiben, Chance-Risiko-Abwägungen und Vorschläge speziell zu:

- Kündigung-Abfindung-Aufhebungsvertrag & Auswirkungen auf Arbeitslosengeld (Sperre-Anrechnung)
- Praxis vor Gericht-Anwälte-Behörden-Kosten-außergerichtliche Einigungen
- Befristung-Teilzeit(anspruch)
- Pflege-/Elternzeit-Sabbatauszeit-Mutterschaft
- Überstunden-Vergütung-Rückzahlungsklauseln-Weihnachts-/Urlaubsgeld-Vorschuss-Pfändung
- Krankheit (BEM)-Urlaub-Freistellung-Kurzarbeit-Versetzung-Nebentätigkeit-Steik
- Bewerbungsverfahren-Probezeit-Datenschutz-Fortbildung-Verrentung-Wettbewerbsverbot-Zeugnis
- Haftung-Insolvenz-Unternehmensverkauf-Betriebsrat-Mobbing-sex. Belästigung
- Minijob-Leiharbeit-Scheinselbstständigkeit
- Schwerbehinderung/Gleichstellung

"Der Ratgeber ist ideal zum Nachschlagen, je nachdem, was man für Probleme hat und wie man sich optimal wehren kann." Monika C., Verkäuferin
"Viel Wissen, weshalb Arbeitgeber manches machen und was bei Anwälten und Gericht wichtig ist." Stefan H., Ingenieur

Ein wichtiger Ratgeber für alle, die nichts zu verschenken haben und effektiv-professionell handeln wollen, damit Sie Ihrem Arbeitgeber deutlich selbstbewußter gegenübertreten können.
Der Autor ist langjährig als Jurist u. a. auf Bundesebene sowie im operativen Bereich für das Arbeitsrecht tätig.